JN057754

水しか出ない神具【コップ】を授かった僕は、不毛の領地で好きに生きる事にしまし
Nagao Takao
長尾隆生
Illustration：もきゅ

ラファム
シアンに仕えるメイド。
家事の腕は超一流で、お酒を
飲むと性格が変わる……？
シアン
本作の主人公。水しか出ない役立
たずの神具【コップ】を授かったせいで、
不毛の領地に追放されてしまう。
バタラ
心優しい町娘。
寂れた町を復興しようとする
シアンの助けとなる。
シーヴァ
町に現れた謎の犬。
モフられるのが好きだが、
なぜかシアンには懐かない。

ビアード
伝説の種族、ドワーフの男性。
鍛冶や建築において
右に出る者はいない。
メディア
天才だけどちょっぴり
性格が残念な医師。
研究と植物が好きすぎる。
エンティア
シアンの専属教師。
基本的に無表情だが、興味のある
事柄には笑顔を見せる一面も。
Main Characters
主な登場人物

第一章　水しか出ない神具と不毛の地と

僕、シアン＝バードライの人生は、十五歳を迎えたその日まで順風満帆だった。

王国を支える二大貴族の一つであるバードライ家の次男に生まれ、何不自由ない暮らしをしてきた。

兄のアルバは優秀だが、僕に比べれば努力が圧倒的に足りない。

今の僕は全ての面で兄を上回っていると自負している。

だから、将来は僕が家督を継ぐことになるはずだと、そう信じていた。

それは父が、僕と、もう一つの大貴族家であるファリソン家の長女ヘレンとの婚約を早々に決めたことからも明らかだ。

兄のアルバは未だに婚約者が決まっていない。

バードライ家の長男という立場にありながら、成人の儀を過ぎてなお婚約者がいないなど前代未聞である。

確かに兄が成人の儀で授かった『炎』の力は強力だし、将来有望だと誰もが口にする。

王国の歴史の中でも『炎』の力を得た者は、王族以外では稀だと聞く。

だから、その話が広まった時には貴族の間でかなりの騒ぎになったことを覚えている。

だが長きにわたって他国との間に小競り合い程度しか起こらず、魔獣による襲撃もほぼない平和な時代に、そんな戦いのための力は必要なのだろうか。

この国を治めるには、もっと別の力が必要なはずだと僕は確信していた。

「例えば、愛……とか」

僕は机の引き出しから、婚約者であるヘレンから送られてきた手紙の束を取り出す。

そこに綴られているのは、可憐で清楚な彼女らしい文字。

僕との婚約が決まってどれほど嬉しかったのか。そして僕のことをどれほど好きなのかが書かれている。

これらの手紙を読み返すたびに照れてしまい、体の奥がむずむずしてくる。

だけど、僕にはそれすらも喜びであった。

「待っていてくれ、ヘレン。僕は今日、成人の儀で兄を超える力を得て君を迎えに行くからね」

そう呟き、僕は手紙の束を机の引き出しの奥にそっと仕舞い込む。

コンコン。

まるで僕が手紙を仕舞うのを待っていたかのように、ちょうどいいタイミングで部屋の扉がノックされる。

「シアン様。そろそろ成人の儀へ出発のお時間ですが、準備はよろしいでしょうか」

「ああ大丈夫だ、今行く」

ドア越しに呼びかけた使用人にそう答え、最後に引き出しの中に向けて「行ってくる」と小さく呟き、僕は部屋を出る。

今日、この時から僕の順風満帆な日々が更に加速するはずだ。

この時の僕は、そう信じて少しも疑わなかった。

そう……この時までは。

「あら、シアンじゃない。そういえばあなた、今日が成人の儀でしたっけ」

長く広い廊下を玄関に向かって歩いている途中のこと。

僕はちょうど自分の部屋から出てきた姉のアイラと、ばったり顔を合わせてしまった。

「はい、姉上。これから向かうところです」

僕は正直、この腹違いの姉が苦手である。

バードライ家の第一夫人の子供である彼女と兄は、僕にとっては目の上のたんこぶと言ってもいい。

この国では第一夫人の子だろうと第二夫人の子だろうと、扱いは変わらない。

家の継承に必要なのは実力であり、それは成人の儀で女神様からどれだけ強力な加護を授かるかと同義である。

強力な加護を授かるためには、日々の努力や本人の資質が不可欠だと、長年の研究で判明している。

僕は努力においても資質においても、兄や姉に負けないと自負していた。

そんな僕がこの姉を苦手としている理由は、彼女が生まれ持った資質のみで今まで人並み以上に全てをこなせてきたからだ。

密(ひそ)かに勤勉な兄はまだいいが、努力を重ねてきた僕に才能だけで匹敵(ひってき)する姉は、内心許しがたい存在だ。

「せいぜい女神様からまともな加護を授かりますようにと願うがいいですわ」

「ええ、姉上や兄上に負けないほどの加護がいただけるものと信じております」

僕は自分より少しだけ背の高い姉を下から見上げ、満面の笑みを浮かべてそう答えた。

すると、姉は途端に表情を歪(ゆが)ませる。

僕の笑顔の中に少しだけ潜ませた悪意を、敏感に感じ取ったのだろう。

「はんっ、せいぜいハーベスト家の長男みたいに追放されないことね」

「ご冗談を」

ウェイデン＝ハーベスト。

それは、二十年ほど前のこと。

王国の貴族家の一つ、ハーベスト家の跡取りであった彼は、女神様より与えられた加護があまりに酷く、失敗作と罵られ遥か遠方の国へ追放されたという。

僕がそんな男と同じ悲劇の道をたどるわけがない。

なぜなら、僕は既に女神様の『神託』を授かっているからだ。

この国の歴史書によれば、ごく稀に成人の儀の前に女神様から『神託』を授かった者が現れるという。

通常、成人の儀で女神様と会うことはないが、『神託』では女神様と直接会話ができるのだ。

その人物たちは、例外なく国を大きく変革する英雄として名を残している。

そして、僕にも一年前に『神託』が下った。成功の道が約束されたも同然である。『神託』によれば、僕は……

◇　◇　◇

「それが一体、何がどうしてこんなことになったのだろう」

僕は一人、馬車の中で、右手に持ったなんの変哲もない陶器製のコップを見つめながら、この旅に出てから何度目になるかわからないため息をこぼしていた。

「はぁ……こんな水しか出ないコップで、どうやって領地を運営しろっていうのさ」

そうひとりごちながら、そのコップに軽く魔力を流し込む。

すると、今まで何も入っていなかったコップの中に、水がどんどん溜まっていく。

ある程度まで水が溜まったことを確認すると、中身を一気に喉（のど）に流し込んだ。

不味（まず）くはないが、かと言って美味（うま）いわけでもなく、熱くも冷たくもないごく普通の水だ。

コップの中身がなくなっても、また魔力を流し込めば水が再び満ちる。

「ウェイデン＝ハーベスト。君も今の僕と同じ気持ちだったのかい？」

僕にとっては悪夢でしかなかった、成人の儀から既に一ヶ月。

あの日、僕が女神様より授かった加護。

それはこの右手に握られたコップだった。

女神様から与えられる加護は魔法の力であることが多く、兄は火を生み出す魔法の力を、姉は氷を生み出す魔法の力を授かった。

だが、時に魔法の力以外を与えられる場合がある。

それが『神具（しんぐ）』と呼ばれるものだ。

大体の場合、女神様の力を宿した聖剣（せいけん）や聖鎧（せいがい）といった武器や防具が与えられるのだが、稀に今回の僕みたいに使い道がよくわからない『神具』を授かる時がある。

かつてウェイデン＝ハーベストが、僕と同じように魔法の力ではなく、用途の不明な『神具』を授かった。

その結果、跡継ぎの立場を追われ、その後の彼の行方は誰も知らない。

僕に与えられた『神具』は、正直に言ってただの役立たずなコップだ。

確かに普通のコップと違い、僕の魔力が続く限り水を出せるという能力はある。

だが、それだけである。

出るのは魔を払う聖水でも、病気や怪我を治せる薬でもなんでもない、ただの水。

僕はコップを授かったあとも、儀式が終わるまでの間コップから水以外のものも出せないかと何度も頑張ってみた。

だが全ては徒労に終わった。

失意に沈んだ僕が屋敷に戻ると、既にその情報は我が家に届いていた。

それどころか国中の貴族の間に、バードライ家の次男がなんの役にも立たない『神具』を授かったとの話が知れ渡っていたのだ。

王国を支える大貴族の、跡取り候補の一人として注目されていた僕。

そんな僕が跡取り候補の座から脱落したも同然なわけなのだから、周りの貴族たちの驚きはいかほどであったろうか。

屋敷では、僕を更にどん底へ突き落とす出来事が待ち受けていた。

「は？　父上、今なんと？」

「お前とヘレン嬢との婚約を破棄させてもらうとの通告が、先ほどファリソン家から届いたと言ったのだ」

「婚約破棄ですって！　そんな、ヘレンもそれを認めたのですか⁉」

「ああ、むしろヘレン嬢が自ら、お前との婚約破棄を申し出たと聞いている」

「そ、そんな……ありえない」

僕が彼女から今まで大量にもらった恋文。

そこに綴られていた言葉の数々は、全て嘘だったとでもいうのだろうか。

大貴族家の跡取りでなくなる僕は、彼女には必要のない存在なのか。

信じられない。

信じたくない。

僕の頭の中には、そんな言葉がぐるぐる回っていて。

短いながらも、ヘレンと過ごした素晴らしい時間。

彼女が浮かべていた屈託のない笑み。

それらの思い出が霧消し、僕はその場に崩れ落ちる。

目の前が真っ暗になるとはまさにこのことを言うのだろう。

父上はしばらく複雑な表情で僕を見下ろしていたが、一つ咳払いをすると、僕の肩に手を置いて口を開いた。

「お前も今回のことで、王都にも屋敷にも居辛くなったろう。そこでだ――」

父上から語られたその提案に、僕は静かに了承の意を伝える。そしてゆっくり立ち上がり、うつむきながら扉に向かった。

しばらく一人になりたかった。

誰もいないところで混乱している心の中を落ち着けなければならない。

部屋を出ると、廊下には今一番会いたくなかった兄と姉が立っていて、僕を蔑みの目で見つめていた。

あとから聞いた話によると、二人とも僕が父上から沙汰を言い渡されるのを、ご苦労なことに部屋の外でずっと待っていたらしい。

なんという根性の腐った連中だろう。

こんな奴らと半分だけでも血が繋がっているかと思うと反吐が出る。

「おめでとう、シアン。あなた、お父様から領地を下賜されたのですってね」

「えっ、どうしてその話を」

姉上の言葉に僕が疑問の声を上げると、今度は兄上が得意げな顔で言い放つ。

「実はな、私が父上にそう提案したからだ」

「兄上が？」

「ああ、お前のような出来損ないは我が家の恥でしかないからな」

「……」

「私は数年後、イスナ様との婚約を発表する。婚姻の場に我が家の恥は不要だ。そうだろ？」

兄上が王国の第二王女であるイスナ様と婚約？

イスナ様はまだ八歳になったばかりで、兄上は十八歳だ。

だが、貴族の間では十歳程度の年の差婚は珍しくない。

もしかして兄上が今まで婚約者を持たなかったのは、内々にイスナ様との婚約が決まっていたからだったのか？

兄上は言葉を続ける。

「だから私が父上に進言したのだ。お前をこの家から追放することをな。今回お前に与えられる領地は、我がバードライ家にとってお荷物の地だ。大貴族家のお荷物となったお前に似つかわしい領地をくれてやるんだ。感謝しろよ」

続いて、姉上が楽しそうに言う。

「砂に覆われた不毛の領地、でしたっけ？　半分枯れたオアシスと、それにすがりついて生きている小さな町しかないせいで、納税の義務すら果たせないと王国からも見捨てられた領地でしたわね」

「不満か？　家名を奪わない上に、領地も家臣も与えられるのだからむしろ感謝してもらいたいものだな」

馬鹿にするような声音でそう告げる二人に、僕は何も言い返せない。

大貴族家の者がなんの役にも立たない神具しか与えられなかった。

本来は家から追放されるだけでなく、家名を奪われても文句は言えない事件である。

この国はそういう国だ。

だから父上は最大限僕に配慮してくれたと言ってもいい。

なんせこんな僕に領地だけではなく家臣まで与えてくれるというのだから。

たとえそれが王国から見捨てられた不毛の大地と、厄介払い（やっかいばらい）のように押し付けられた、解雇寸前だった十人たらずの家臣団だとしても。

◇　◇　◇

「坊（ぼっ）ちゃん、見えてきましたぜ」

御者（ぎょしゃ）台からデルポーンの声が聞こえる。

彼は僕に与えられた家臣団の一人で、馬に関する全ての仕事を受け持っている馬丁（ばてい）だ。

馬のことを誰よりも熟知し、馬に対する愛情も人一倍強い。

馬が好きすぎるあまり、他の世話係と何度も対立し解雇されかけたところを、彼の才能を買った僕が専属の家臣の一人としたのは、もう何年も前のことだ。

「やっと着いたか」

僕は手に持っていたコップを消し、外を見るために馬車から顔を出す。ちなみに、コップは僕の意思で自由に出したり消したりすることが可能だ。

「あれが、僕が治める町か」

馬車に揺られること一週間。

砂漠の中で砂に埋もれかけた道をずっと進んで、ようやくたどり着いた場所。

エリモス領唯一の町、デゼルト。

陽炎(かげろう)で揺(ゆ)らめいているあの町が、僕がこれから一生住む場所である。

町を囲む塀(へい)にゆっくりと近づき、それほど大きくない門を開け中に入る。

バートライ家が先触(さきぶ)れを出していたはずだが、領民たちの出迎えはない。

それどころか家の中に隠れてでもいるのか、往来にもほとんど人影はなかった。

随分と長い間国から放置され、領主に対してもかなりの不信感を持っているのだろうか。

先が思いやられるな、と考えながら町の中を抜け、その先にある小高い丘の上を目指す。

そこに領主館があると聞いていたのだ。

しばらく丘を登り、やがて馬車が停車すると僕は幌(ほろ)を開けて外に出た。

そして眼前に建つ建物を見て思わず声を上げる。

「本当にここが領主館なのか？」

「はい、坊ちゃま」

「坊ちゃまはやめてほしいんだけど……まあいいか。なんだい、バトレル」

馬車の傍らに歩み寄ってきた執事のバトレルに、僕はそう言った。

彼は僕が生まれた時に専任として付けられた執事で、僕にとっては一番付き合いの長い信頼できる家臣である。

領主館は三階建てで広い庭もあり、かつてはそれなりに立派な建物であったろう。

だが手入れもほとんどされていなかったようで、今にも崩れ落ちそうだった。

周りの設備はボロボロ。馬小屋や兵舎などは「ここらへんにあったんだろうな」といった痕跡しか残っていない。

庭にいたっては、僅かに草が生えている場所以外は完全に砂に埋まっている。

「バトレル。これが本当に領主館なのか？」

震える声で僕は再度尋ねる。

「はい坊ちゃま。ここがこのエリモス領を治める領主の館にございます」

「それにしてはオンボロすぎないか。もうかなりの間使われてないみたいだが」

そう言って僕は、敷地入り口の門扉を振り返る。

つい先ほど、あの扉を無理やり開いて庭の中に入ってきたところだ。

今回護衛として唯一同行することとなったロハゴスが、その怪力を使ってようやく開いた門扉は、無理やりこじ開けたせいで壊れてしまい、仕方なく脇に打ち捨てられたままである。

「先代のエリモス領主様が亡くなり廃領になってから、十年ほどになりますか」

「廃領⁉　税収が期待できなくて、王国のお荷物になっている領地だとは聞いたが、廃領扱いになっているなんて初耳だぞ。もしかして来る前に聞いた『王国が見捨てた地』という言葉は、比喩ではなかったということか？」

「左様です。さすが坊ちゃまは理解が早うございますね」

「いや、誰でもわかるだろ」

どうもバトレルは、僕のことを過大評価する傾向にある。

少し前まではそれも自尊心を満たせて心地よかったが、落ちぶれた今では、嫌味にしか聞こえない。

幼い頃からバードライ家の跡継ぎになるべく教育を受けてきたが、この地が廃領扱いになっていたことは知らなかった。

「そんな土地をなぜバードライ家が預かることになったのだろう？」

バトレルが詳しく説明してくれる。

「不毛の地とはいえ王国の一部。完全に放棄するわけにも行かず、バードライ家に押し付けられたのだと旦那様がぼやいていらっしゃいました」

「押し付けられたって、誰に？」

「王室にでしょう。とはいえ廃領扱いにすることによってこの領地で起こったことの責任は、バードライ家には及ばないということにしていただいたそうですが」

責任を持たなくてよい。

つまり形式上は我が家の管理地だが、世話は一切しなくてもいいということだろうか。

僕はこの地に来るまでに見てきた風景を思い出し「さもありなん」と嘆息する。

僅かに生える、環境に順応した植物以外は何もない、砂漠。

唯一のオアシスを囲むように作られた町であるこのデゼルトには、さっき見た限りだと住む人たちの数も少なく、これといった産業もなさそうだ。

こんな地では税収もほとんどなかったに違いない。

むしろ治めるために必要な経費で、大赤字だったのではなかろうか。

それで前領主が亡くなったのを機に、王国はこの地を捨てたというわけだ。

「そんな領地をもらって、僕はどうすればいいんだ」

「ご安心ください、坊ちゃま」

「何か手立てでもあるのか？」

僕の恨みがましい視線をどこ吹く風といった感じで流し、バトレルは答える。

「旦那様より、この領地の税は全て免除するとの書状を預かっております」

「もともと廃領扱いなのだからそれは当然だろ。むしろこっちが王国に援助してもらいたいくらいだ」

「確かにこの地を発展させるのは並大抵のことではありません。ですがその代わり、この地の権利の全ては坊ちゃまに譲るともあります。私は坊ちゃまの力を信じております」

そう言うバトレルの目は真剣そのもので、とても冗談や嫌味を言っている風ではなかった。

彼は本気で信じているのだ。

僕が、この不毛の領地を発展させることができると。

「国は助けない。その代わりに義務も課さないし手も出さない。そういうことか」

「左様でございます」

やるしかないのか。

僕にはもう他に道は残されていない。そのことはわかっている。

そして今の僕には、養っていかなくてはならない家臣たちが、領民たちがいる。

領主館の建つ小高い丘の上から町を見下ろすが、人影はまばらで活気もない。

人々が生きていくだけで精一杯の地だと、旅の途中で出会った人々から幾度(いくど)となく耳にした。

そういった話を聞くたびに、僕の心の中に少しずつ溜まっていったものがある。

そんなことを言う人たちや、あの兄と姉、そして父をいつか見返してやるのだといった思いだ。

もしかしたらバトレルや家臣たちも同じ気持ちなのではないだろうか。

僕はその決意を胸に顔を上げる。

「バトレル」

「はい、坊ちゃま」

「僕はいつかきっと、この地を王国一の領地にしてみせるよ」

「坊ちゃまなら可能でございましょう」

今はまだ、この不毛の土地をどうすれば豊饒(ほうじょう)の地に変えることができるのかわからない。

だけど、やらなくてはならないのだ。

「坊ちゃん！　ちょいとこの樽(たる)に水をたんまりとくれねぇかい？」

やる気に満ちて町を見下ろしていると、館の方から大きな樽を抱えてやってきた男がそう声を上げる。

彼の名はルゴス。

バードライ家に仕える大工の中でも一番腕の立つ人物だ。

彼は、仕事中に一度だけ兄の指示に逆らったことがあった。

兄の指示は安全性の観点から到底受け入れられないものだったらしく、結局父上にまでその話は伝わりルゴスの望む結果となった。

しかしその日以来、兄は自分の言うことを素直に聞かなかった彼を嫌うようになった。

今回僕と一緒にルゴスをこの地に送るように仕向けたのも、きっと兄だろう。

「わかった、そこに樽を置いてくれ」

「はいよっと」

僕は目の前に置かれた樽の口に向けてコップを傾ける。

どばばばば。

水が滝のような勢いでコップから樽に注がれ始めた。

この一週間、砂漠の中を旅する一団における水の供給係として何度もコップから水を出す作業をしていたおかげか、水量の調整がかなりできるようになっていた。

今回の旅での唯一の救いは、僕が水をいつでもどこでも出せること。そのおかげで砂漠の旅なのに、水という一番重く重要な荷物を積み込まなくて済んだ。

空いたスペースには、バードライ家からもらった手切れ金で準備した大量の資材を積み込むことができた。

「坊ちゃんなら領地運営に失敗したとしても、真水が貴重な船乗りとか長距離移動する人たちのところへ行けば重宝（ちょうほう）されること間違いなしですぜ」

あの日以来落ち込んでいた僕を、そんな言葉で慰（なぐさ）めてくれたルゴス。

今回の追放劇に巻き込まれたというのに、嫌な顔一つせずついてきてくれたことに今更ながら感謝する。

心の中でね。口にすると恥ずかしいし。

「ありがとよ、坊ちゃん」

樽一杯に水を注ぎ終えると、彼はとんでもなく重くなっているはずの樽をヒョイッと肩に担ぐ。

その人間離れした膂力には、いつも驚かされる。

ルゴスとの付き合いも長くなる。

兄や姉は頑固なこの男のことを嫌っていたが、僕は彼の腕前を高く評価していた。

丁寧な言葉遣いこそできないが、その仕事はどれもこれも素晴らしいものばかりである。

「そうだ、坊ちゃん。俺らは今から家臣団総出で、この館の修繕をする予定なんですがね」

「わかった。あとは任せるよ、ルゴス」

「おう、任せといてくださいな。とは言っても、これだけボロボロだと最初から建て直す方が早いとは思うんだが……人手も資材も足りねぇからなぁ」

「とりあえずみんなが住めるくらいまで修繕できればいいよ」

「それと馬小屋だな。早めに作ってやんねぇとデルポーンの奴がうるさくってよ」

「馬は大事な労働力になるかもしれないし、デルポーンの望む通りに作ってあげてよ」

「あいつの望み通りに作ると碌でもねぇことになりかねねぇんだけどな。坊ちゃんの頼みじゃ仕方ねぇ」

ルゴスは樽を抱えている方と逆の手で頭をかきながら、視線を横にいたバトレルに移動させる。

「そうだ、バトレルの爺さんにも頼みたいことがあるんだが」

「何用でございましょう」

「実は、中の掃除をメイドのラファムに頼んだんだけどよ。残ってる調度品とか家具をどうするか爺さんに聞いてきてくれとか言われてよ。なんせ元は貴族様の持ち物だ。俺たちが勝手に捨てたりしたら、問題になりかねねぇからな」

「左様ですか。それでは私も館へ行った方がよろしいでしょうね」

「ああ、頼むぜ。それが済まねぇことには修繕も進まねぇんだわ」

ルゴスの言葉に頷(うなず)き、バトレルは僕に向き直る。

「それでは私は館に向かいますので、坊ちゃまは館が使えるようになるまで馬車でお休みくださいますようお願いします」

「ああ、わかった」

「それでは」

ルゴスとバトレルは館へ向かっていった。

その後ろ姿を見送ったあと、僕は館に背を向け町の方を振り返る。

「馬車の中って言われても、この中、とんでもなく暑いんだよな。それに」

眼下に広がる町を見て、独り言を続ける。

「これから自分が治める町のことを少しくらいは知っておいた方がいいだろう」

本来なら大貴族の子である僕が護衛もつけず町に出るなど、ありえないことだ。

けれど、今の僕はその貴族家を追放された身である。

自暴自棄？

確かにそれもあるのかもしれない。

だが僕の心を支配していたのは、どちらかと言えば冒険心だった。

今まで、ずっと護衛なしで町に出るということはなかった。

幼い頃、馬車で町を通る時に窓から垣間見た、自由に駆け回る子供たちがうらやましかった。

今なら。

僕のことを誰も知らないだろうこの町であれば、僕はあの時の子供たちのように自由に出歩けるかもしれない。

そういった考えが頭に浮かんだ時、自然に僕の足は町を目指して丘を下り始めていた。

歩む先にどんな出会いが、そしてどんな未来が待っているかを思い、少しだけ期待しながら。

◇　◇　◇

「これが僕の治める町か」

領主館を出たあと、僕は町の中心にあるはずの泉に向かって歩いていた。

その場所は領民たちが毎日のように集まって賑やかだと聞く。

デゼルトや領地についての知識を、短い旅の間に専属教師のエンティア先生から学んだ僕は、ひとまずそこへ向かうことにしたのだ。

エンティア先生もまた優秀ではあったが故に、僕と共にバードライ家を追放された一人であったが、その話はまたいずれするとしよう。

彼女の話によれば、もともと砂漠にあったオアシスを中心にできたこの町は、四、五年前に大干ばつが起こったせいで泉の水量が一気に減少。

人々は水を求め町の各所に井戸を掘り、そこから水を得る生活へと変化したという。

町の中央にあるという小さな泉は、オアシスの今の姿なのだそうな。

「と、馬車の中では聞いていたんだけど」

僕はたどり着いた、かつて泉があったであろうひび割れた窪みの前で立ち尽くしていた。

エンティア先生が言っていたオアシスの場所は、ここで間違いないはずだ。

しかし泉や植物は既に枯れきって、無残な姿を晒していた。

「どういうことだ？」

デゼルトに僕と共に送られることがわかってから、エンティア先生はこの地についての知識を様々な書物を読んで集めたらしい。

だが、オアシスが完全に枯れてしまったなどという情報はなかった。

それに……

「毎日人々が集まる賑やかな場所なんじゃなかったのか」

周りを見渡しても、この窪地に人の姿はまったくない。

町の住民たちも枯れてしまった泉を見るのは辛いのだろうか。

時折通り過ぎる人を見かけるが、こちらに目を向ける者はほとんどいない。

人々の顔は、誰も彼も覇気がなく、声をかけるのもためらわれた。

そんな時だった。

枯れ果てた泉の側でぼーっとしている、見慣れぬ僕のことを不思議に思ったのか、一人の少女が恐る恐るといった風に僕に話しかけてきたのだ。

「あ、あのぅ」

「はい？」

彼女の年の頃は僕と同じか、やや若いくらいだろうか。

褐色に日焼けした肌は健康的に見えるが、その体は明らかにやせ細っていた。

不毛の地の栄養問題は、かなり深刻なようだ。

そしてそれは、僕が解決しなければならない案件の筆頭でもある。

「もしかしてあなた様は、新しく赴任された領主様――」

少女がおずおずと言った。

新しい領主が赴任することは先触れで伝えてあったが、それが僕だとなぜわかったのか。

もしかして僕の外見も伝わっていたのだろうか。

だとすると一人で出歩いたのは、やはり不用心だったかもしれない。

「——の臣下の方でしょうか？」

「ああ、僕が領……え？」

「もしかして違いましたか。すみません」

どうやら彼女は僕が領主の臣下の一人だと思って話しかけてきたようだ。

僕は住民の声を聞くよい機会だと思い、話を合わせることにした。

「いや、間違いじゃないよ。突然だったから驚いただけさ。でもどうしてそう思ったんだい？」

「ええ、実は……」

彼女によれば、先触れで新しい領主が十年以上ぶりにやってくることが伝えられたらしい。

だが領主がどんな人物なのか等の詳細は、一切伝えられなかった。

きちんと連絡は届いていたのに、出迎えの一つもなかったのは少し寂しい。

「それで普段町で見かけない僕を、領主様の臣下だろうと？」

「ええ、この町はそれほど大きくなくて、全員顔見知りのようなものですから。外から人がやってくるとすぐわかるんです」

僕たちは、もともとはオアシスの水辺にあったというベンチに二人で座る。

ちなみに、このベンチの横にはかつて大きな木が生えていて、木陰(こかげ)を作ってくれていたらしいのだが、泉の水が減ると共に枯れてしまい、今は根を残すのみとなっている。

「私が生まれた頃は、まだこの木も少しは葉を茂らせていたんですよ」

そう寂しそうに呟く彼女は、バタラと名乗った。

この町の商店の娘で、時折やってくる行商人から品物を仕入れて生計を立てているとのこと。

国に見捨てられた町にも行商人はやってくるのかと少し驚きつつも、僕は彼女の話を聞く。

「実はもともとこの泉は、長い間かけてゆっくりと水量が下がってきていたんです」

「そうなんだ。そしてそんな状態にとどめを刺したのが例の大干ばつなんだね」

「はい。いつもなら雨季の間に、水量はある程度回復していたのですが」

日に日に下がっていく水位に、人々は戦々恐々とした日々を送ってきたらしい。

なんせこの不毛の地で水は貴重だ。

その水が手に入らなくなるということは、町の死に直結する。

「今のところ、井戸の水はまだ枯れていませんが、それもいつまで持つか……」

「井戸の水源である地下水も、かなり少なくなっているってことかな」

「そうだと思います。水を節約するために畑も縮小することになって、最近では麦も野菜も不足してきているのです」

砂漠で畑を維持するためには、かなりの水が必要になるのはわかる。

「今はまだなんとか、狩りで得た肉で食料は賄えているのですが、井戸の水が枯れてしまえばどうしようもありません」

隣の町からデゼルトにたどり着くまでの間、少しだが荒れ地の空を飛ぶ鳥を目にしていた。

町の人たちは、あのような数少ない動物を狩って糧（かて）を得ているという。

しかし、それだけでは到底、人々全てを養えるとも思えないのだが。

まだこの町に着いたばかりの僕が知らない狩り場でもあるのだろうか。

「お願いですっ」

そんなことを考えていると、バタラが突然僕の手を握り頭を下げる。

「どうか、領主様に今の窮状（きゅうじょう）を伝えていただけないでしょうか。みんなを、町を助けてくださるように。どうか」

握りしめられた僕の手に、彼女の涙が落ちる。

王国に見捨てられてもなお、彼女たちはこの過酷な環境で、ずっとデゼルトを守ってきたのだろう。

もしかしたらそうしなければならない理由があるのかもしれないが、それでも彼女たちはここで暮らしていきたいと願っている。

「ああ、わかった。君の願いを僕は……この地を治める領主として叶えようじゃないか」

きっと。

そう、きっと僕の加護（コップ）は、今日のために女神様が与えてくださったものに違いない。

だったら最初から『神託』の時にそう伝えていてくれれば、悩みもしなかったろうに。

「えっ。領主……様？」

涙目のまま僕の顔を見つめ返すバタラが、驚いたように目を見開く。

「今から君に奇跡を見せてあげるよ」

僕は彼女を一人ベンチに残して立ち上がり、枯れ果てたオアシスの中央に向かって歩きだす。

歩きながら右手に魔力を込めてコップを出現させ、ぐっと握りしめた。

誰が見ても、『神具』だとは思わないだろう。

だが、このコップは間違いなく、女神様から僕に託された神の力だ。

たとえ、ただ水を生み出すという力しか持たなくても。

王都で何不自由なく暮らしている人たちからすれば、まったく役立たずなガラクタに思えたとしても。

さぁ、始めよう。

「僕がこの町の……この領地の新たな領主シアン＝バードライだ！」

高らかな宣言と共に、僕が握りしめていた『神具（コップ）』から、大量の水が枯れたオアシスに降り注いだ。

どばばばばばばっ。

かなりの勢いで水が窪地に流れ込んでいく。

王都からの旅の途中で、特訓してきた甲斐（かい）があったというものだ。

干からびていた底が徐々に湿り気を帯び、やがて水面が形成される。僕の履いている靴が水中へ沈み始めた。

「凄い！」

岸で、バタラが驚きの声を上げて僕を見ている。

しかし今気がついたが、水を注ぎ込むのに窪地の真ん中近くまで来る必要はあったのだろうか。

バタラがいる岸から流し込めばよかったのでは？

「いいところを見せようと調子に乗ってしまった……しかし今更あそこまで戻って、チョロチョロと流し込むのもかっこ悪い気がするな」

僕はチラリと岸で声援を送ってくれているバタラを見る。

既に足首まで水に浸かってしまっている以上、今更濡れることを気にしても仕方がない。

ある程度水が溜まるまではこの場で水を出し続けることに決め、コップに魔力を流し続けた。

女神様から与えられた力を使うためには、対価として相応の魔力を使う。

このコップの場合、僕が流し込んだ魔力が変換され、水を生み出しているのだ。

王国では、女神様から加護を得るための成人の儀は、貴族以外は行わない。

それは魔力の強い者同士で婚姻するなど、長い年月をかけて魔力の素養を高めてきた貴族以外の階級では、加護を使えないと言われているからだ。

逆に言えば貴族の子に生まれたにもかかわらず魔力の低い者は、その貴族家から廃籍されることも珍しくない。

全ては魔力を高めるためだ。

「ぐっ……」

水を出せば出すほど、僕の体の中から大量の魔力が吸い出されていく。

「これは思ったよりきつい……か」

今まで、これほどの量の水を出したことがなかった。

樽一杯程度ならそれほど魔力が奪われる感覚はなかったが、僕が今泉に注ぎ続けている水はその何十倍もの量である。

さすがに限界が来る前に一旦休んだ方がいいか。

そんなことを考えていると、不意に何人もの人々の声が耳に届いた。

「おい、何が起こっているんだ」

「窪地の真ん中にいるあの子は何者なんだ」

「水を作り出してるのか」

「魔法？　だとするとまさか貴族様か？」

町の人々が異変に気づいて次々と集まってきたようだ。

たぶん、僕を応援する大きなバタラの声が聞こえたのだろう。

「あの人は、今日やってきた新しい領主様なんです」

バタラがやってきた人々に僕の正体を告げると、口から口へそのことが伝わっていき……

それにつれて彼らの表情が驚きから喜びへ、そして畏敬(いけい)へ変化する。

「領主様ーっ！」

「がんばれー！」

僕の少し苦しげな表情が見えたのか、戸惑いの声が徐々に声援になっていく。

大丈夫だ。

まだいける。

既に水位は、僕の膝上(ひざうえ)あたりまで来ている。

これが腰のところくらいまであれば大丈夫だろうか？

感覚としてはギリギリだが、それでも僕は水を出すのをやめなかった。

ここでやめたら、せっかく僕のことを応援してくれている領民たちとバタラに格好がつかない。

やがて騒ぎを聞きつけたのか、領主館から何人かの家臣たちがこちらに駆け下りてくるのが目に入った。

先頭を走って来るのはバトレルだろうか。

勝手に領主館を離れ、一人でふらふらと出歩いたことを怒られるかもしれないな。

どばばばばば。

そんなことを考えている間も、コップからは水が流れ続ける。

そして僕の体からは魔力が吸い出され続けていく。

いつの間にか苦しさは消え、周りの音が遠くなっていくような、不思議な感覚が体を包み込み始めた。

「そろそろいいかな……って、あれ……っ？」

目標としていた水位に近づいたことで気が緩んだのだろうか。

一瞬、視界が揺らめく。

昔、体験したことがある。

これは魔力切れの兆候だ。

兄と姉に負けないようにと、毎日夜遅くまで魔力量を増やす訓練をしていた時だったか。

エンティア先生から『魔力を限界まで消費することによって、回復時に魔力の最大量が増えたという研究結果がある』と聞き、何度も試してきたのだ。

おかげで今の僕は、たぶん王国でもトップクラスの魔力量を誇っているはずだ。

明確に数値として表れるものではないから、あくまでも推測でしかないが。

「魔力切れなんて随分……ひさし……ぶり……」

意識が朦朧とする中、岸からバタラが水量の増した泉に飛び込んでくるのを目にする。

まだ注ぎ込んだばかりで濁った水が彼女の服を濡らし汚していくが、彼女は気にもせず、ただ僕だけを見ていた。

「領主様っ!!」

なんだよ、そんな泣きそうな声を出して。

僕なら少し休めば大丈夫さ。

「領主様ぁっ!!」

「坊ちゃま!」

「坊ちゃん!」

どこか遠くからみんなの悲鳴のような叫び声が聞こえる。

『ノブレス・オブリージュ』って言うだろ?

僕は貴族としての、領主としての義務を果たしているだけだよ。

もっと褒めてくれていいのだよ。

ばさばさばさっ。

バタラが差し伸べた手を掴もうと、僕はコップを握っていない方の手を差し出し……

ざっぱーん!

そして前のめりに水面に向かって倒れ込んだ。

濁った水が全身を包み込むのを感じながら、僕はそのまま意識を失ったのであった。

◇　◇　◇

ここは……どこだ？

ぼんやりとした意識が覚醒（かくせい）すると、僕は真っ白な広い部屋の中、ぽつんと一つ置かれた椅子に座っていることに気づいた。

周りをゆっくりと見回すが、目に入るものは白い壁と床と天井だけで、他には何もない。

「確か僕は魔力切れを起こして、バタラの手を取ろうとして……そして泉の中に倒れ込んだはず」

もしかすると、あのまま溺れて死んでしまったとか？

だとすれば間抜けな話だ。

家族に馬鹿にされ。

貴族たちに蔑（さげす）まれ。

婚約者にも婚約を破棄されて。

そして国からも見捨てられた不毛の僻地（へきち）に追放された。

そんな僕がたくさんの人たちに期待や尊敬に満ちた目で見つめられ声援を受けたら、舞い上がってしまうのも仕方ないではないか。

僕はうつむいて自分の両手を見つめた。

そこに握られていたのは、僕が女神様に与えられた小さな一つのコップ。

水しか出せない、なんの役にも立たないと散々馬鹿にされたコップ。

けれど、今はデゼルトの町を一時的にとはいえ救うことができた。

偉大なる神具が、僕の手の中に確かに存在した。

その時、バタラという名前をふと思い出す。

魔力切れを起こした僕を助けるために、服が汚れるのも気にせず、濁った水の中を泥まみれで駆けてきたあの少女はどうなったのだろう。

僕は彼女の願いを叶えて、悲しげな顔を笑顔に変えるために頑張ったのに、最後に見た彼女の表情は笑顔ではなくて――

『目覚めましたか』

誰もいなかったはずの空間に、突然優しげな女性の声が響く。

「誰?」

僕はその声にハッとした。

無意識に強くコップを握りしめていたのか、指の痛みに少し顔をしかめる。

「まさか……女神様?」

指の力を緩めつつ顔を上げると、そこには一人のやや幼げな女性が気遣わしげな顔で僕を見ていた。

長く、白く、うっすらと光を放つ髪。

王国美術館に飾られている、容姿端麗なエルフ族の絵画も霞むほどの美貌。

一年ほど前、僕が『神託』を受けた時に出会った女神様が、変わらない姿でそこに佇んでいた。

僕はあの日と同じように、一瞬その美しさに意識の全てを持っていかれそうになる。

『お久しぶりですね、シアン＝バードライ』

鈴を転がすような声が、僕の意識をつなぎ止めた。

ああ、この声。

今目の前にいるのは、間違いなくあの女神様だ。

僕は慌てて椅子から降り、地面に片膝をつき礼をとる。

『そんなにかしこまらなくてもいいのですよ』

「いいえ、そういうわけにはまいりません」

『相変わらず頑固なのですね』

女神様はそう言って小さく笑い声を漏らした。

『そこまで言うのなら仕方ありませんが、せめてお顔は上げて私の話を聞いてくださいますか？』

「はい」

僕は真っ白な地面から女神様の顔へ視線を移動させる。

『私が伝えたいのは、あなたに与えた神具の本当の力についてです』

「本当の力？　これはただ水が出るだけのコップではないのですか？」

『ええ、あなたが【コップ】と称しているその神具は、正式には【聖杯】と呼ばれていたものなのです』

片手で握りしめたままのそれを僕は見つめた。

ありきたりな陶器製コップにしか見えず、僕が自由に出し入れできることと、水を魔力の続く限り生み出せることを除けば、なんの変哲もないものである。

ただ確かに【聖杯】と言われれば、取っ手もないこのコップはそう見えなくもないが。

『しかしその【聖杯】は、わけあって今は本来の力をほとんど失ってしまっているのです』

女神様は語る。

『シアン。あなたは【聖杯】を使って、これからも人々を助け続けなさい。そうすれば失われた力は徐々に戻ってくるはずです』

「失われた力とは、どういったものなのでしょうか？」

『それは創造の……ああ、もう目覚めの時が来たようです。やはりあなたの従者は優秀な者が多い』

ふらっ。

突然僕の視界が揺れ、めまいに似た感覚を覚える。

「えっ一体何が……そんな、せめて【聖杯】の、このコップの力を教えてください」

こんな中途半端なところで説明を打ち切られてはたまったものではない。

めまいを我慢して立ち上がり、手に持ったコップを突き出して叫んだ。

「本当の力とは一体！」

『シアン、目覚めたら心の中でこう念じるのです。【スキルボード】と。さすればその力の一端がわかることでしょう』

目の前の世界が揺らぎ、視界が白い光に満ちていく中、女神様の声だけが僕の耳に鮮明に届く。

『そして人々を幸福に導き、信頼を得るのです。それこそが【聖杯】の力の源なのですから――』

「幸福に導き、信頼を得る……ですか」

『ええ、【聖杯】の力が少し戻ったのも、あなたが町の人たちから信頼を得たおかげなのです』

僕の頭の中に、あの時一生懸命応援してくれていた人々の顔が浮かんでは消える。

そしてバタラの……最後に見た、あの今にも泣きそうな顔を思い出した。

『もう時間がありません。あなたならきっと【聖杯】を正しく使ってくれる。そう信じています』

その言葉を最後に僕の意識は真っ白に塗りつぶされ――

「坊ちゃん！」

「お目覚めになったぞ」

気がつけば僕はベッドの上らしき場所に寝転がっており、心配そうにこちらを覗き込む家臣たちの顔が目に入った。

聞けばしばらくの間、僕は意識不明状態だったらしい。

それどころか、少しの間心臓が止まっていたとも。

僕が目覚めたことで慌ただしく家臣たちが走り回る中、頭の中に女神様のものと同じ声が響く。

それは先ほど会話を交わした時とはまるで違う、機械的な口調ではあったが、はっきりと僕にこう告げた。

『条件を満たしました。【聖杯】の力が一部開放されます』

◇　◇　◇

バタバタと周囲が慌ただしい中、僕は一人ベッドから上体を起こして考える。

先ほどのは夢？

それにしてはやけに鮮明だった。

内容もはっきり覚えている。

それに、目覚めたあとに頭の中に響いた声のことも。

僕は女神様の言葉をもう一度心の中で反芻（はんすう）する。

『あなたは【聖杯】を使って、これからも人々を助け続けなさい。そうすれば失われた力は徐々に戻ってくるはずです』

聖杯？

これが？

僕は右手にコップを出現させ、マジマジと見つめた。

やはり何度見ても、ありきたりな陶器製のコップだ。

とてもではないが【聖杯】という言葉から感じられる神々しさは一切ない。

「それに……女神様がおっしゃっていたスキルボードとはなんなのだろう」

僕がコップを見つめながらそう呟いた瞬間だった。

突然目の前に半透明の板が現れる。

「うわっ、なんだこれ」

そこには数多くの『〇』の形をした硬貨程度の大きさの図形が、ずらっと一面に並んでいた。

そして一番左上の『〇』の中には【水】という文字が入っており、白く輝いている。

「もしかして……これがスキルボードというものなのか？」

僕は恐る恐るその板に手を伸ばす。

半透明の板に僕の指先が触れた途端、ほわんとスキルボードが淡く光った。

「おおっ、触れるのかこれ。でも感触はないいな。ん？」

ボードに触れたせいだろうか。

先ほどまでは白く少し光っていた【水】の文字の光が消えて、灰色になっている。

「どういうことだ？」

不思議に思いながら、その後もスキルボードを触り続けたが、触るたびに【水】の文字が明るくなったり暗くなったりする。

女神様も使い方くらい教えてくれてもいいだろうに。

僕は諦めてため息を一つつくと、いつものようにコップに口をつけ水を飲もうとしたのだが……

「あれっ、水が出ないぞ」

いつもならコップを傾けて魔力を流すだけで水が出てくるはずなのに、なぜか出てこない。

「もしかして壊れた？」

あれほど大量の水を出したのは初めてのことだったし、魔力切れで倒れたのも久しぶりである。

そのせいでコップか、僕自身の何かが壊れてしまったのだろうか。

「いやいやいや、そんな話は聞いたことないぞ。神具が壊れるとか魔力が使えなくなるとか、ありえないって」

では、どうして水は出なくなったのだろう。

「もしかして……これが関係している？」

僕は未だ目の前に浮かんだままのスキルボードに目を向ける。

試しにスキルボード上の【水】の文字をゆっくりと指で突いた。

ほわん。

スキルボードが一瞬淡く光ったかと思うと、ボード上の【水】の文字が白く輝きだす。

「さて、この状態でもう一度試してみるか」

僕はスキルボードから目を離さないまま、ゆっくりとコップを口に近づけ魔力を送った。

すると、先ほどは一滴の水も出なかったコップから水がいつものように湧（わ）きだし、僕の渇（かわ）いていた喉を潤（うるお）していく。

「んぐっ。相変わらず美味くも不味くもないな。けど、これでわかったぞ」

スキルボードを見つめながら、もう一度【水】の文字を触り暗転させる。

そしてコップをひっくり返し魔力を送る……が、やはり水は出ない。

「つまり、スキルボードの文字が白い時には水が出て、灰色の時は出ないのか」

今わかったのはそれだけだが、この機能は喜ばしい。

これで、他の飲み物を入れて飲む時に誤って魔力を流してしまい、水で薄まるという事故が防げるようになるからだ。

最近はかなり調整できるようになったが、それでも無意識に魔力を流してしまったせいで、熱々で濃い味のスープが生ぬるい薄味に変わってしまう体験を何度かしている。

「まぁ、貴族がお茶会や食事に使う食器としては無骨（ぶこつ）なデザインだけど、こんな果ての地にまで飛ばされたんだ。今更気にすることでもないか」

国から見放されたこの領地に、いちいち他の貴族がやってくるとは到底思えない。

これからは貴族同士の付き合いなどほとんど考える必要はないと思うと、それはそれで寂しくもあるが、逆に堅苦しさもない。

そんなことを考えながら、もう一度【水】の文字に触れて明転させ、コップ一杯分の水を飲み干した。

「坊ちゃま!!」

そうして一息ついた時だった。

開けっぱなしの扉から、執事のバトレルが現れ、ベッドの脇まで駆け寄ってきた。

その後ろから大工のルゴス、兵士のロハゴスの筋肉コンビが少し窮屈そうに扉を通る。

「私、坊ちゃまがもう目覚めないのかと心臓が止まる思いでございました」

「バトレルは大げさだな。ただの魔力切れだから、しばらく休んだら問題な――」

そう笑い飛ばそうとした時、三人の後ろから猛烈な殺気を感じて僕は言葉を詰まらせる。

バトレルの肩越しに、眼鏡を掛けた気難しそうな女性が顔を覗かせ僕を睨んでいたのだ。

その視線は暑い砂漠の地すらも凍らせるほど冷たく、背筋が震える。

「シアン様」

「は、はいっ。何かな、エンティア先生」

旅の途中、専属教師のエンティア先生によってたくさんの知識が詰め込まれたおかげで、僕の脳みそはパンク寸前にまでなったのを思い出す。

「私の記憶が確かならば、一年ほど前にも館で同じようなことがありましたよね」

「あー。あったような、なかったような」

「あ・り・ま・し・た・よ・ね？」

エンティア先生の眼光が鋭くなる。

「はい、ありました」

「ええ、私が偶然庭で倒れていたシアン様を見つけたわけですが。あの時、私は確かに注意しましたよね」

「あの時はほら、魔力切れで頭がぼーっとしていたからよく覚えてないんだ」

そう言って頭をかいてごまかそうとしたが、許してくれるエンティア先生ではなかった。

「ではもう一度伝えておきますから、二度と、一生、忘れないでください」

エンティア先生はバトレルを押しのけ、僕の顔を鋭い目つきで睨みながら続ける。

「魔力切れは最悪、命に関わります。ですので、もう二度と魔力切れを起こさないように注意してください」

当時、まだ姉上の家庭教師であったエンティア先生にそう諭されたのは、今でも覚えている。だから、それ以降は魔力切れギリギリで寸止めするようにしていた。

彼女の言う通り僕は本当に死ぬところだったに違いない。

そういえば初めて女神様に会って【神託】を受けたのも、あの魔力切れの時だったっけ。

もしかしたら、死に瀕(ひん)した時に女神様には会えるのだろうか。

もう一度会って【聖杯】のことを詳しく聞きたい。

だが命を賭(と)してまで試す気にはさすがになれない。

僕はエンティア先生に「これからは注意するよ。もう絶対に無茶はしないから」と謝ったあと、心配して駆けつけてくれた家臣たちにも謝罪する。

「着任初日に領主が死にかけるとか、領民たちに示しがつかないしな」

「その、領民の皆様のことなのですが」

バトレルが僕の言葉を聞いて、思い出したかのように口を開く。

「実は坊ちゃまが担ぎ込まれてからずっと、かなりの数の領民が館の前に集まっておりまして」

もしかして赴任早々に暴動でも起きたのか？

領主としては年若すぎる上に、僕がいきなりオアシスの真ん中でぶっ倒れたのを見て不安になったのかもしれない。

ここは一つ領主として元気な姿を見せて、領民たちを安心させねばなるまい。

「わかった。就任の挨拶がてら、領民たちに顔を見せに行くよ」

魔力切れで倒れたが、今の僕の体は死にかけていたとは思えないほど快調である。

すっかり体調も元に戻っていることを伝えると、バトレルは心配そうな表情のまま頷いた。

「それがよろしいかと思われます。領民の皆様もずっと坊ちゃまのことを心配しておられましたので。しかし、体調は本当にもうよろしいのですか？」

「ああ、バトレルも知っているだろ？　魔力切れで倒れた時は、数時間休めば普通に動けるようになるってことを」

僕はひょいっとベッドから降り、バトレルに指示を出す。

「とりあえず、実家から持ってきた領主らしい服一式と、落ち着くためにお茶を一杯くれないかな？」

「わかりました、今すぐ正装をご用意いたします……お前たちは坊ちゃまに危険のないように外で準備を整えておきなさい」

バトレルは周りに指示を出しながら、エンティア先生たちを引き連れて部屋を出ていった。

残ったのは、今回の領地についてきた中でたった一人のメイドであるラファムだけとなる。

彼女は静かに僕に一礼すると、いつの間に持ってきたのか、愛用のカートの上にティーセットを広げ、お茶の用意を始めた。

彼女のメイドとしての能力は恐ろしく高い。

たった一人で僕の身の回りの世話を全てこなし、更にまるで未来を読んでいるかのように、僕が指示を出さずとも先回りして準備を終えていることもしばしばある。

しかし、いつ見ても彼女の動きは謎すぎる。

先ほどまで彼女の愛用のカートもティーセットも、この部屋にはなかったはずなのだ。

姉上がこういったことを気味悪がって、彼女を追い出したがっていたんだっけか。

そして僕が追放される時に、これ幸いと押し付けたと。

ラファムが手際よくお茶の準備をしていくのを眺めながら、ふと思い立つ。

「ラファム、ちょっといいかな？」

「はい、シアン坊ちゃま。なんでございましょう」

「ちょっと試したいことがあってさ。今日は僕のコップにお茶を注いでくれないかな？」

「その神具にですか？」

「ああ」

「わかりました。ちょうど今蒸らし終わったところですので、コップを差し出してくださいませ」

ラファムはそう言い、お茶の入ったティーポットを持ってこちらに歩み寄る。

僕はその間にスキルボードの【水】を暗転させて、水が出ないようにしてからコップをラファムに差し出した。

こぽこぽこぽ。

薄い紅がかったお茶。これは彼女が僕のために特別にブレンドしてくれた紅茶だ。

ティーポットから注がれる紅茶の香りが、湯気と共に室内に広がってゆく。

それと同時。

ぽーん。

近くからそんな音が聞こえてきた。

なんだろうかと思ったが、確認するより先にラファムが紅茶を注ぎ終え一歩下がる。

「ありがとう、ラファム」

礼を告げると、彼女は一礼してカートのもとへ戻り、僕の方に向き直ってその場に控える。

たぶん、バトレルあたりに僕の様子を見ているようにとでも言われているのだろう。

「さて、このコップで水以外を飲むのは随分久しぶりだけど……どうかな？」

コップを授かってすぐの頃、同じようにこのコップで何度か飲み物を飲もうとした時のことを思い出す。

まだ調整がきかず、何度も水で薄めてしまった過去。

練習を重ねてなんとか水を出さずに飲めるようになったが、コップ一杯の飲み物を飲むためにかなりの精神力を必要とするのでは割に合わない。

「じゃあいただこうか」

僕はそう呟いて、コップから紅茶を一口飲んでみる。

……うん、ラファムが用意してくれるティーカップで飲むのと、なんら変わらない味だ。

「ラファムの淹れてくれる紅茶はいつも最高だよ」

「ありがとうございます」

僕はゆっくりと熱い紅茶を飲みながら、ふと目線を先ほど操作したスキルボードに向ける。

「ブフーッ!!」

「坊ちゃま、どういたしましたか？」

「い、いやなんでもない。あまりに美味しくて、つい慌てて飲んで気管に入っちゃったんだよ」

ゲホッ、ゲホッとわざとらしく咳き込む真似をする僕。

「今拭くものを用意いたしますわ」

「慌てなくていいからね。どうせすぐ着替えるんだし」

そう答えながらも、視線はスキルボードから動かせなかった。

なぜなら——

「紅茶って……さっきまでなかったよな」

先ほど操作した【水】という文字の下にある複数の『○』の図形。

その中の一つに、さっきまでは確実になかったはずの【紅茶】という文字が追加されているのだ。

「これってまさか、コップに紅茶を入れたからか？　だとすると、もしかしてこのコップ……いや【聖杯】の力って」

自分の考えを確認すべく、スキルボードの【紅茶】の文字に手を伸ばして明転させ、そしてもう一度コップの中身を口にする。

ごくごくごく。

かなりの勢いで飲んでみるが、紅茶がなくなる様子は一切ない。コップから、水の代わりに紅茶が出ているのだ。

「ぷはぁ、これは凄い。大発見だ！」

「ぼ、坊ちゃま。どうしたのですか突然。熱い紅茶をそんな勢いで飲んでは、やけどしますよ」

「いや、大丈夫だ」

僕はコップの中を見つめながら答える。

味は、確かに先ほど飲んだばかりのものと変わらなかった。

だが、コップから出た紅茶は常温だったのである。

「温度までは引き継がないのか。そういえば水も常温で出てくるな」

「坊ちゃま？　本当に大丈夫ですか？　独り言が多いですが、倒れ込んだ時に頭を打たれたのではないですか？」

ラファムが何か失礼なことを言っている気がするが、今はそんなことを気にしていられない。

これは本当に大発見だ。

女神様から授かったコップ。

いや、【聖杯】の本当の力は水を出す能力ではなく、中に入れた物質と同じものを魔力の続く限り無限に生み出す能力なのではなかろうか。

まだまだ研究は必要だが、そのためには色々な物質をコップに入れて試してみなければ。

僕の心の中に、試したい様々な事柄が湧いてきては消えていく。

バトレルが領主としての正装を届けに来るまで、僕は考えるのをやめられなかったのだった。

◇　◇　◇

「坊ちゃま。服の支度が調いました」

「ありがとう、バトレル」

とりあえず僕は考察を一旦やめて、手の中からコップを消す。

同時に、目の前に浮かんでいたスキルボードも消えた。

そういえばスキルボードを表示している間、家臣は誰も気にしていなかったな。

もしかして、僕にしか見えていないのだろうか。

それともただ単に、みんな見て見ぬ振りを？

さすがにそれはないだろうけれど、頃合を見て一度聞いてみるか。

考え事をしているうちに、ラファムが足音も立てずにバトレルの方へ移動する。

「では私がお手伝いさせていただきますね」

彼女はバトレルが差し出した正装を素早く受け取ると、ベッドの脇に佇んでいる僕の服を一瞬で脱がし、あっという間に着替えさせた。

早業とかそういうレベルを遥かに超えたその妙技に、僕は驚きを隠せない。

一方、先ほどまで着ていた紅茶まみれの寝間着は、いつの間にか用意された洗濯籠の中に軽くたたまれて仕舞われている。

あまりの手際に、驚きを通り越しちょっとあきれてしまう。

「助かるよ、ラファム」

「これが私の仕事ですから」

仕事と言い切られると、少し寂しい気持ちになるのはなぜだろう。

いや、別に僕はラファムのことを女性として好きだとか、そういうことではないのだが。

「坊ちゃま。準備ができましたら玄関へ。一応私たちが護衛につきますが、十分ご注意なさってくださいませ」

バトレルの言葉に意識を引き戻され、僕は頷いて答える。

「ああ」

「興奮した民草とは動物の大群のようなもので、押し止めようとしても止められませぬ故」

「そんなに凄いの？」

僕は途端に家の外に出るのが怖くなった。

「悪意があるわけではなさそうでしたが、人は集団になると、しばしば理性が働かなくなるものでして。まあ、外で待つ民たちはやや興奮状態ではあるものの、大きな問題はないと思われます」

「ふむ」

急に襲われる可能性は低いが、油断せずに注意はしろということか。

だったらまずは、その興奮を鎮(しず)めなければなるまいな。

「それと、万が一のために料理長のポーヴァルにも護衛をお願いしました」

「ポーヴァルに？　なぜ？」

「この館で一番『刃物の扱いが上手い』のが彼ですから」

「怖いこと言うなよ」

確かに彼の包丁捌(さば)きがとんでもなく凄いのは知っている。

ポーヴァルは偏食すぎる兄上に、栄養バランスに関して苦言を述べたせいで閑職(かんしょく)に追いやられたが、その能力は折り紙付きだ。

しかし、あの技が人を斬ることに使われるのは見たくない。

「と、とりあえずポーヴァルには別のことを頼みたいんだけど、いいかな？」

「別のこと――坊ちゃまを守るより大切なことでございますか？」

バトレルの目が真剣すぎる。

生まれた頃からずっと僕の専属執事をやってくれているせいだろうか、時々忠誠心というか、愛情が重く感じることもある。

「ああ、僕にいい考えがあるんだ」

「それはどのような？」

バトレルの顔に少し緊張が走った。

わかっている。

僕が「いい考えがある」と言いだすと、いつも碌なことにならないって思っているんだろ？

しかし今回は大丈夫だ。

僕には女神様からいただいた【聖杯】がある。

だけど、【聖杯】の力を発揮するためには準備が必要だ。

僕はバトレルの目を見返しながら、意識して優しい笑みを浮かべた。

「とりあえずルゴスとポーヴァルを玄関に呼んでくれ。僕もすぐ行く」

「ルゴスもですか？　確かに彼の怪力なら暴徒を抑えることも可能でしょうが」

「いや、その発想から離れようよ。ルゴスには急いで作ってもらいたいものがあるんだ」

「左様でございましたか、それでは急ぎ二人を呼んでまいります」

一礼してから二人を呼びに行くバトレルの背中を見送って、僕はもう一度室内を振り返る。

「あとラファム」

「はい、いかがなさいましたか、坊ちゃま」

「君にもお願いしたいことがあるんだ。一緒についてきてもらえないか」

「はい」

彼女が頷くのを確認してから、僕は玄関へ歩きだした。

今からするのは、領民に僕の体が回復したことを知らせ、同時に僕の能力——というか神具の力を示すためのセレモニーのようなものだ。

領民たちの興奮も治めることができる……はずだ。

「さぁ、少し予定は狂ってしまったが、急いで準備して領民たちに挨拶するぞ」

◇　◇　◇

「みんな、楽しんでもらえているかな？」

今、僕は領主館の前にある広い庭を歩いている。ここに簡易的なお茶会の場を設け、領民のために紅茶を注いで回っているのだ。

最初こそ、領主が手ずから紅茶を注いで回るという事態に、領民たちはもとより家臣のみんなも驚いていた。が、その驚きの波も既に落ち着いて、今は全員美味しそうに紅茶を口にして顔をほころばせていた。

「こんなに美味しい紅茶を飲んだのは初めて」

「ああ、今まで飲んでたのは、こいつに比べたらただの汁みてぇなもんだ」

「これが貴族様の飲む紅茶かぁ」

そうだろう、そうだろう。

その紅茶はラファムが僕のために、研究に研究を重ね、厳選した茶葉を極秘の比率でブレンドして作ってくれたものなのだ。

不味いはずはない。

むしろ、他の貴族や王族が飲んでいる紅茶より美味しいのではないかとすら思っている。

そんな絶品紅茶が、僕のコップから無限に湧き出てくるのだ。

喫茶店でも開けばきっと大繁盛に違いない。

しかも使っているのは僕の魔力だけ。

他にかかる費用を抜いても大儲けできるだろう。

「しかし新しい領主様はすげぇな」

「ああ、あんなちっこいナリだが、神具を使って無限に水やら紅茶を出せるんだもんな」

「これでオラたち、もう水の心配をしなくてよくなるんだべか」

「新しい領主様が就任するって聞いた時は、今更何をしに来るんだと思ったもんだがよ」

「だな、もう長い間王国の役人が来たこともないのに突然だったからな」

領民たちの声が聞こえてくる。

どれもこれも喜びに満ちていて、僕は嬉しくなった。

ただ「ちっこい」だけは余計だ。

成人を迎えたとはいえ、僕はまだ十五歳。肉体的には成長期だから、これからぐんぐん大きくなる……はずだ。

「父上も兄上もそれなりに長身だし大丈夫だと思うけど」

独り言を呟きつつ集まった領民たちに一通り紅茶を配り終え、大きめのピッチャー数個にも紅茶を入れて中央の机に置いておく。

おかわりは自由にどうぞ、というわけだ。

何個もの机をあっという間に作って準備してくれたルゴス。

お茶請け菓子を作ってくれたポーヴィル。

大量のティーカップを用意してくれたラファム。

突発的な僕の思いつきをすぐに実現させてくれた家臣のみんなには感謝するしかない。

しかし、館のどこからこれほどの数のカップが出てきたのか。

まさかラファムの私物というわけはあるまいが。

「あの……シアン坊ちゃま。少しお尋ねしたいことがあるのですが」

談笑する領民たちを見ながらそんなことを考えていると、突然ラファムに声をかけられた。

彼女には領民たちへの給仕の手伝いを頼んでいたのだが、それも一段落したのだろう。

「ん？　なんだい、ラファム」

「先ほど教えていただいたその神具の力は本当だったのですね」

彼女の見つめる先には、僕が握りしめたコップがある。

今回のお茶会準備中に、僕は家臣一同に神具の本当の力について伝えた。

時間がなかったので簡単にしか説明できなかったが、とりあえず水以外にもラファムの紅茶を無限に出せるようになったことは伝えている。

「私も味見をさせていただきましたが、間違いなく私のブレンド紅茶でした」

少し寂しそうに呟く彼女を見て、僕はハッとする。

役立たずと言われたコップの本当の力を知り、思いっきり浮かれていたせいで気がつかなかった。

今回僕が無料で振る舞っているのは、ラファムが大切に作り上げた秘蔵のブレンド紅茶だ。

勝手に複製して、あまつさえ自分の手柄のように領民に振る舞うなんて。

そんなのラファムから見れば、泥棒と同じじゃないか。

しかし主君である僕に失礼なことは言えないと、今まで口をつぐんでいたのだろう。

「ごめん」

僕はラファムに頭を下げる。

彼女の気持ちを考えれば、謝って済む問題ではないかもしれないが。

「どうして頭をお下げになるのですか」

しかし、当のラファムは困惑気味に言った。

どうやら僕がなぜ謝ったのかわからないようだ。

自分の極秘ブレンドを勝手に複製した僕を非難しているのではないのだろうか。

少し戸惑いつつ、僕は彼女に言う。

「いや、この催しのことだよ。君が長年かけて作り上げた秘蔵の紅茶を、なんの断りもなく複製して振る舞ってしまった」

「そのことでございますか。確かに少し複雑な気持ちではありましたが、領民の皆さんの笑顔を見ることができて満足ですわ」

「そう……なのか。でもさっきはなんだか物言いたげに僕のコップを見ていたようだけど」

僕の言葉に、彼女はまた悲しそうな笑みを浮かべて答える。

「それは少し寂しくなったからです」

「寂しい？」

「ええ、もう私がシアン坊ちゃまに紅茶を淹れる必要はなくなったのかな、と――」

「それは違うぞ」

「えっ」

そうか、ラファムはずっとそんなことを思っていたのか。

だが見当違いだ。

僕のコップから出てくるものは彼女の紅茶と『ほぼ』変わらない。

しかし、何がとは言えないが、彼女が淹れてくれる紅茶は、僕が出す均一的な紅茶とは同じようでいて異なっているのだ。

僕はそのことを力説する。

それは勝手に彼女の紅茶を複製したことに対する贖罪（しょくざい）ではなく、僕の心の底からの訴えだった。

すると、僕の左右の頬（ほお）に温かな手のひらが添えられる。

その手のひらはラファムのもので。

彼女の顔からは、先ほどまでの寂しげな表情は消え去っていて、代わりに愛（いと）しい子を見つめるような優しい笑みが浮かんでいた。

「シアン坊ちゃま。もうそこまでにしてください。そんなに褒められては恥ずかしくなってしまいます」

確かに彼女の頬は少し赤く染まっているように見える。

「あ、ああ。すまない。つまり君のあの紅茶は神具ですら完璧に模倣できないくらい美味しいと言いたかっただけなんだ」

「おやめになってくださいと申し上げましたよね」

ぎゅううううっ。

ラファムの両手に力が込められて、僕の顔が少し歪（ゆが）む。

特別痛くもないが、ラファムがこんなことをするのは初めてで少し戸惑った。

「うふっ、ありがとうございます。お茶会が一段落しましたら、またとっておきの紅茶を淹れて差し上げますね」

彼女はそれだけを告げると、中央のテーブルでピッチャーの紅茶を注ごうかどうしようか迷っている領民のもとへ早足で歩いていった。

あれは照れ隠しだったのかもしれない。

僕はラファムの後ろ姿を見送ってから、もう一度周りを見渡す。

すると……

「バタラ？」

見知った褐色少女が、正門の陰から中を覗き込んで戸惑った表情を浮かべているのを見つけた。

そういえば紅茶を注いで回っている際、彼女を見かけなかったと今更ながらに気がつく。

慌ただしさと、コップの真の力を知って浮かれていたせいで頭から抜けていたのだろうか。

服が汚れるのもかまわず水に飛び込んで、僕を助けてくれた彼女のことを忘れるなんて、とんだ失態である。

「バタラ！　会いたかった」

僕は彼女に向かって大声で呼びかけながら、正門へ向かった。

「やぁ、バタラ」

「領主様、これは一体……」

領主館前で行われているお茶会を不思議そうに見つめながら、バタラは戸惑い気味に言う。

彼女にとってはきっと、貴族である領主が庶民を集めてこんな催しを開くなんてありえないことなのだろう。

庶民は女神様から加護を与えられることはない。貴族にとっては、その時点で彼らは見下す対象であり、積極的に関わることはしないのだ。

受け取った加護の強さこそが絶対だという考えが貴族の常識である。

正直に言えば、僕もその考えに縛（しば）られていた。

今でこそ本来の力を失った【聖杯】だと判明したものの、当時はただ水しか出ないコップを授かったことで、僕は貴族社会から放逐（ほうちく）されてしまった。

そして僕の貴族としての心は砕けて散ったのだ。

しみじみ考えたあと、僕はバタラに説明する。

「領民のみんなが倒れてしまった僕のことを心配してくれていたと聞いてね。そのお詫び代わりに、みんなに僕が知っている中で一番美味しい紅茶を振る舞うことにしたんだ」

「貴族様の召（め）し上がるものをこんな大勢に？」

「そんな大したものじゃないさ……って言ったらラファムに悪いな。実は、この紅茶は僕の専属メイドが精魂込めて作り上げた逸品（いっぴん）なんだ。他の貴族も飲んだことはないと思うよ」

そう言ったあと、右手にコップを出現させる。

「だけど僕の神具を使えば、今はどれだけでも作れるからね」

「神具で、ですか？」

「ああ。君も知っているだろ。このコップから大量に水を生み出せることを」

実際には僕の魔力の限界までだが、今言う必要はない。

僕は未だに戸惑っているバタラの手を取る。

「あのっ、何を」

「もちろん君もお茶会に招待するよ」

「でも私は」

「いいからいいから。溺れかけた時、僕を助けてくれただろ？」

さすがに死ぬことはなかっただろうけれど、たぶん彼女がいなければ、それなりに水を飲んで回復が遅れていたかもしれない。

そのお礼はしなきゃならないよな。

「本当は領主館の中にある大会場を使えるとよかったんだけどね。まだ僕たちが寝泊まりできるようにするので精一杯だから」

大工のルゴスを筆頭に、手の空いている家臣たちが到着してからずっと館の修復を行っているが、みんなの生活に関わる部分などが先で、急ぎで修繕する必要のない場所は後回しになっている。

それほど忙しい中にもかかわらずこんなお茶会を無理矢理に開いたのは、今がデゼルトの人々と僕らの間を取り持つ千載一遇（せんざいいちぐう）の機会だと判断したからである。

この機会を逃すくらいなら、寝室の修復が間に合わず馬車で眠ることになってもかまわなかった。

結果として、僕の目論見は成功しているように思える。

僕はバタラを中央のテーブルまで連れてくると、机の上にポツンと置いてあったティーカップにコップから紅茶を注ぐ。

僕のコップから出てくる紅茶は常温だが、気温が高めのこの地では、むしろ熱々よりいいだろう。

「どうぞ、お嬢様」

少しキザったらしく言ってティーカップを差し出すと、彼女はおずおずと両手でそれを受け取った。

ちなみに僕が手渡したティーカップは、あとでラファムから聞いたところによると、この地の人たちの収入では買えない高級品だったらしい。

一体そんなティーカップをどこから調達したのやら。

バタラが知っているはずはないが、彼女は随分と大事そうに両手で包み込むように持つ。

彼女の様子を見て、このティーカップがテーブルに未だに残っていたのは、いかにも高そうでみんな触ることをためらっていたからなのかもしれないと思った。

「あ、ありがとうございます」

バタラは震える声で一言礼を述べると、ゆっくりと可愛らしい唇にカップを近づけていく。

そんな彼女を見ながら、自分も空いていたティーカップを手に取って、紅茶を注ぐ。

今みたいに人々に注いで回っている場面では、さすがに自らのコップから直飲みする姿を見せるわけにはいかない。

「美味しい……」

バタラが感嘆の声を上げる。

「好きなだけ飲んでいいよ。おかわりはいくらでもあるからね」

「はい。ありがとうございます。それよりも、もうお体は大丈夫なのですか？」

バタラは飲みかけのティーカップを大事そうに両手で抱えながら、心配げに僕の顔を見た。

彼女の身長は小柄な僕より少し高く、微妙に見下ろされる形になるのが悲しい。

きっとすぐに追い抜いてやると心に誓いながら、僕は答えた。

「ああ、君のおかげでほとんど水を飲むこともなかったみたいでね。気を失った原因は魔力切れさ。もう回復したから、ほら、この通り元気だよ」

「よかった……私が無茶なことを頼んだせいで領主様が死んじゃったのかと思って、ずっと私……」

うつむいたバタラの目から涙が一粒落ちて、紅茶の水面を揺らす。

突然の涙に、僕は慌てて彼女の両肩を掴む。

「君のせいじゃないよ。領民の悩み事を聞いて、解決するために努力するのは領主の役目だからね。それで死ぬようなことがあっても、責任は僕自身にある」

「でもっ」

「それに、今回は本当に僕のせいでもあるんだ」

「えっ」

そう、魔力切れで倒れたのは自業自得だ。

彼女や民にいいところを見せようと、魔力が尽きそうになるのを自覚しながらも水の放出をやめなかった。

本当なら、あそこまでやる必要はなかったのだ。

魔力切れになる前にやめて、また必要になったら水を注ぎに行けばよかった。

なのに僕は調子に乗って自爆した。

ただそれだけのこと。

僕はバタラの涙が止まるまで、ずっとそうやって彼女に説明し続けた。

彼女を慰めて、しばらく経った頃。

気がつくと、参加者たちが遠巻きに僕ら二人を見つめていることに気がついた。

なんだろう。

やがてその中に、臣下たちも混じりだす。

そして彼らから、妙に生温かい視線が僕ら二人に降り注いでくるのだ。

その時、バトレルがこちらに近づいてくる。

「坊ちゃま」

「なんだいバトレル」

「このような公の場で、女性の肩を抱き寄せるのはいかがなものかと」

その言葉を聞いて周りの空気の意味を悟った僕は、慌ててバタラの肩から手を離す。

夢中だったせいで、知らず知らず彼女を抱き寄せるような状態になってしまっていたらしい。

「ご、ごめんバタラ」

「い、いえ……私こそ突然泣いてしまって、ごめんなさい」

「坊ちゃまも手がお早い」

「茶化すなよ、もうっ!!」


その後、僕とバタラはなんだかぎこちない雰囲気のまま宴の終わりまでを過ごすことになった。

この先、臣下や領民たちの酒の肴になることは決定的だなと肩を落としつつも、僕は笑顔の領民たちを全員見送り、ゆっくりと領主館を振り返った。

そこには大工のルゴスを筆頭に、今も必死に領主館の復旧作業を行っている仲間たちがいる。

宴の片付けは僕とラファム、そしてバトレルができる範囲で行う手はずとなっていた。

やがて、僕がこの町に来て初めての夜がやってくる。

夕闇の中、丘の下の町にごく僅かだがぽつぽつと明かりが灯っていく。

数は少ないが植物の中に油を取り出せるものがある。そういったものや、食用にならない動物の油でも燃料に使っているのかもしれない、とそんなことを思った。

◇　◇　◇

昨日、お茶会が終わったあと。

なぜバタラがお茶会に遅れてやってきたのかを、バトレルにさりげなく聞いてみた。

別に彼女のことを気にしているわけではない。

断じてない。

バタラは僕を助けた功労者だから聞いてみただけ。

実際、彼女の功績はバトレルをはじめ、現場へ駆けつけた家臣一同も認めている。

バタラは僕を水の中から引き上げた直後、一度は館にまで同行したものの、しばらくしてバトレルたちに僕を任せてその場を立ち去ったと聞いた。

なんでも領民の一人が慌てたようにやってきて彼女を連れて帰っていったとか。

本当は目覚めた時に彼女がいなかったことが少し寂しかったが……僕が早く回復することができたのは彼女のおかげと言っていいのに、そんなわがままを言えるわけがない。

「先生、いますか？」

さて、僕は館の地下に作られた一室を訪れていた。

薄暗い部屋の中へ声をかけながら、一歩足を踏み出す。

もともと地下室がなんのために作られたのかはわからない。

風雨に晒されていたせいでかなり荒れていた建物上部と比べると、地下はほとんど劣化もなく簡単な掃除で使えるようになった。

まぁ風雨とは言ったが、雨はほとんど降ることはないので、主に風と砂のせいだろうけれど。

部屋の中は、王都から持ってきた光を放つ魔道具の明かりによって、外ほどではないがそれなりの明るさを保っている。

おかげで部屋のそこかしこにおかれた謎の機器や枯れた植物、何が入っているかわからない瓶が ずらりと並んだ棚が目に入って、少し気味が悪い。

エンティア先生によれば、ここで先代の領主が、不毛の地でも育つ植物を研究していたとのこと。

やる気のなかった国と違い、元領主は領地をなんとかしようと努力していたらしいと知って、僕は少し安心した。

もし前任が領民のことをなんとも思わない領主だったら、彼らの信頼を得るのはかなり困難だと思っていたからである。

昨日、町に古くから住む老人たちが僕に対して思っていたより優しかったのは、前領主の努力を覚えていたからかもしれない。

そんなことを考えながら、僕は部屋の中を見回す。

「あっ、やっぱりいるじゃないですか先生。返事してくださいよ」

部屋の奥。

大きな机の前で一人、何やら作業をしている白衣の人物に声をかける。

「んあ？　誰さね。あたしは今忙しいんさよ」

その人物はせわしなく動かしていた手を止めると、楽しみを邪魔された子供のような、不機嫌そうな声で答えながら振り返る。

分厚い瓶底眼鏡を掛けた彼女の名前はメディア。

今回僕に同行した家臣団の一人である。

彼女の職業は、大まかに言えば医者。

まだ二十代ながら、王国の最高学府、エステレラ大学の医学部をトップの成績で卒業。その後、我が家の専属医師団の一人として召し抱えられたのだが……

「おお、坊ちゃんじゃないかい。なんだい？　実験台になってくれるのかい？」

あまりに研究熱心すぎて、時々周りが見えなくなるのが玉に瑕（きず）であった。

確か姉上に「癇癪（かんしゃく）を起こしにくくなる薬を開発したから実験台になってほしい」と言ったせいで、姉上が癇癪を起こしてクビにされそうになったんだっけ。

僕がかばって自分の部下として引き取らなかったら、どうなっていたことか。

そういう部分は問題だとは思いつつ、彼女の優秀さは誰よりも買っていたから、直属の部下にできたことはよかったと思っている。

「実験台にはならないですけど、先生にお願いがありまして」

「なんだい？　惚れ薬ならその棚の……」

「いやいや、違いますよ……って、惚れ薬とか本当にあるんですか？」

「あるよ、強力なのがね。実験してみるかい？」

「……遠慮しておきます。それより僕の話を聞いてほしいんですけど、いいですか？」

メディア先生の近くの椅子に座ると、彼女は椅子ごとこちらに向いて話を聞く姿勢を見せる。

「実はですね、この町の領民の間で流行り病が蔓延しているらしいんです」

「ほう、それは初耳だね」

「僕も昨日初めて聞いたので。本当は夜のうちにメディア先生に相談すべきだと思ったのですが、僕の看病で疲れて眠っていらっしゃると聞いて」

「ああ、それで今日訪ねてきたのか。相変わらず無駄に気を遣う貴族様だねぇ」

メディア先生は笑いながら分厚い眼鏡を外して机の上に置くと、眉間を指でマッサージしながら僕に話の続きを促す。

「昨日、領民の一人であるバタラという子から、彼女の母親が流行り病にかかってしまったという話を聞いたんです」

バタラがお茶会に遅れた理由を去り際に聞いた。

それは彼女の母親が急に倒れ、対処に追われていたためらしい。

よほど体力が落ちている老人や、体の弱い子供以外は、一週間くらい安静にしていれば死ぬことはないそうなのだが。

彼女が言うには、感染を防ぐために、症状が出た者は家の中で半分監禁されたような状態で過ごすことになる。

母親の近くに寄り添うこともできなかったバタラは、医者の指示を受け、流行り病の症状を和らげる薬を探して走り回っていたのだとか。

幸い母親の容態は安定し、その後僕を心配した彼女は途中で親戚に看病を変わってもらい、領主館までやってきたところで僕に声をかけられたということだった。

「その病とはどういうものなのかね？」

「バタラの話によると——」

僕は昨日バタラから聞いた、流行り病についての情報を全てメディア先生に伝えた。

彼女はしばし腕を組んで思案したあと、突然立ち上がる。

そして先ほど惚れ薬が置いてあると言っていた棚に駆け寄ると、戸を開け、何やら中をガサガサと漁り始めた。

「先生？」

「ちょっと待っててくれ、その病なら——っと、あったあった。これさね」

棚の奥の方まで手を突っ込んでいたせいか、長めの髪が乱れて酷いことになっているが、メディア先生は気にした様子もなく僕に一つの小さな瓶を手渡してくる。

その瓶のラベルには彼女の手書きで、聞いたこともない薬品名らしきものが書かれていた。

「これは？」

「坊ちゃんが今話した病の薬さね」

「あれだけの情報でわかったんですか！」

「当たり前さね。あたしを一体誰だと思っているんだい」

ドヤ顔で椅子にどかっと座り込んでから、彼女は「だけどね」と顔をしかめる。

「なんですか、その顔は。もしかして副作用があるとかじゃないですよね？」

「違うさね。まぁまったく副作用がないとは言わないが、よほど相性が悪くなけりゃ問題ないさよ」

「じゃあ、他に何か問題でも？」

僕の質問に彼女は少しだけ間を置いて、言いづらそうに口を開いた。

「薬は今、一人分だけしかないのさ。しかも現状、あたしの手持ちの中には、その薬を作るための材料がもうないんさよ」

「ということは」

「助けられるのは一人だけってことさね。まぁ、普通は安静にしてれば治るから――」

「大丈夫ですよ、先生」

「どういうことさね？」

「これって液体ですよね。だったらたぶん、大丈夫なはずです」

僕は薬瓶の蓋を開けると、不思議がるメディア先生の目の前で、出現させたコップに中身を注ぎ込む。

「ちょっとちょっと、それ一本しかないってのに一体何をするさね」

「メディア先生は昨日のお茶会のあと、家の誰かと話しました？」

「いや、坊ちゃんの治療を終えてこの部屋で寝たあと、起きてからはずっと研究してたから誰とも会ってないさよ」

それなら、コップの能力は知らなくて当然か。

彼女が僕の行動に驚くのも無理はない。

「ウララ病の薬っと。よし、追加された」

スキルボードを開くと、『〇』の一覧の中に『ウララ病薬』という文字が追加されている。

先ほど、僕がメディア先生に『液体なら大丈夫』と言った理由は簡単だ。

昨夜、コップの性能を確かめようと色々なものを入れてみたのだが、固形物にはまったく反応を示さなかった。

つまり【聖杯】には、液体しか複製できないという制約があったのだ。

金貨を入れて大量複製できるなら、この先の資金繰りがかなり楽になるのではないかと考えていたのだが、無理だとわかってがっかりしたのは内緒の話。

もし実現していたら、王国の経済が壊れかねないので、落ち着いて考えればそれでよかったのだろうが。

「あたし、坊ちゃんに病名教えたっけね？」

メディア先生が首を捻った。

スキルボードには、取り込んだ物質の名前が表示される。これも昨日判明したこと。

そういえば、スキルボードについて確認してみたかったことがあったのだ。

ちょうどいい。

僕はスキルボードを指さしながらメディア先生に質問を投げかける。

「えっと、変なことを聞くようですが。メディア先生にはこのあたりに何も見えませんか？　半透明の板みたいなものなんですけど」

そう言いながら、スキルボードの縁をなぞるように指を動かす。

メディア先生は僕の指の動きをじっと見つめたあと、はぁ……と一つため息をついた。

「どうしました？」

「坊ちゃん、もしかして溺れたせいで頭が――」

「いやいやいやいや、大丈夫ですって」

何やら机から怪しげな器具を取り出すメディア先生の腕を掴んで押し止める。

一体何をするつもりだったんだ、このマッドドクターは。

「実はですね、まだ誰にも言ってないことなんですけど」

そう切り出し、僕はこれまでにわかっているコップの複製能力のこととスキルボードの話を、彼女に一通り説明する。

途中でメディア先生は何度も机の中から何かを取り出そうとするので、いちいち制止していたら話し終えるのに無駄に時間がかかってしまった。

「……というわけなんです。それじゃあ今話したことが本当だと証明するために、さっきの薬を複製してみせますね。何か入れ物とかはないですか？」

「とりあえず、このビーカーにでも出してくれるかい？」

メディア先生が、机の上に置かれていたビーカーを取って僕の前に置き直す。

「ではよく見ていてくださいね」

「ああ」

僕は魔力をコップに注ぎ込み、ビーカーに向けて傾けてゆく。

すると……

「おおっ、何か出てきたさね」

少し緑色がかったその液体は、先ほど僕がコップの中に入れた薬の色とまったく同じだ。

半分ほどまで液体を注ぎ、ビーカーを先生に手渡す。

「確認してください」

「わかったさね。確かこのあたりに……っと、あったあった」

彼女が机の中から取り出したのは小さめの虫眼鏡のようなもの。前に彼女が使っていた時に気になって、なんなのか教えてもらったことがある。

「鑑定レンズですか。よくもまぁそんな高価なものを無造作(むぞうさ)に机に入れてますね」

鑑定レンズ。

女神様から鑑定魔法を付与する力を授かった、とある貴族によって量産された魔道具の一種である。

女神様から与えられる加護の中には、物質に魔法の力を付与する能力があったりする。

だが大抵の貴族はその力を秘蔵し、庶民が使える魔道具に転用することはほとんどない。しかし、鑑定レンズを量産した貴族の家は当時、先代の道楽のおかげでかなりの財政難になっていたらしく、この魔道具を作って売ることで難を逃れたのだと言われている。

そのため高価ながらも市場ではそれなりの数が出回っていて、彼女のような研究職から商人まで、様々な人たちが愛用しているのだ。

「ああん？　高かろうが安かろうが道具は道具だろ。高いからって大事に宝石箱に鍵をかけて仕舞っていては使うたびに取り出すのが面倒さね」

正論である。

僕は口を閉じて、彼女が鑑定レンズでじっと液体を覗き込むのを眺める。

「ふむ、間違いないさね。確かにこれはさっき坊ちゃんに渡したのと同じ、ウララ病の薬さよ」

「でしょ、これで僕の話も信じてもらえましたよね」

「うむ、正直まだ半信半疑だけど、現実に薬ができたんだし、信じるしかないさね」

それから僕とメディア先生は二人して地下の研究室にある空き瓶をかき集め、ウララ病の薬をどんどん生産していった。

結果。

「作りすぎた……」

「こりゃ行商人に売りさばくしかないさね。流行り病の薬だからそれなりの価格で売れるだろうさ」

机一杯に並ぶ薬瓶の蓋がきちんと閉まっているか、一つ一つ確認しながらメディア先生が答える。

行商人か。

国に捨てられたエリモス領にも行商人はやってくる。

バタラの家は、行商人と取り引きをしていると聞いたのを思い出す。

病気の件が落ち着いたらバタラから詳しい話を聞いてみようと考えつつ、メディア先生が確認した瓶を箱に詰め込んでゆく。

とりあえず今は、薬を彼女のもとへ届けるのが先決だ。

「この薬はタダで配るのかい？」

蓋の確認をしながら、メディア先生が言った。

「もちろん。領民の健康なくして領地の発展はないですからね」

「坊ちゃんは本当にお人好しというかなんというか」

「領主としての役目を果たしているまでですよ。それに元手はタダみたいなものですからね」

僕は当然のことをしているだけだ。

なのになぜ、メディア先生はあきれたような顔をしているのだろう。

「一体誰に似たんだか……上の二人と大違いさね……だから私たちは……」

彼女の小さな呟きを、僕はわざと聞き流したのだった。

◇　◇　◇

朝のうちにウララ病の薬を準備した僕とメディア先生は、兵士のロハゴスを護衛に連れて町へやってきていた。

ロハゴスはいわゆる脳筋タイプだが、厳つい見た目に反して優しい心を持つ男だ。

兄上の乗っていた馬車の前に飛び出してしまった子供のために、馬車を強制的に停めたこともある。

その結果、兄上の不興を買ってしまい、僕と一緒に辺境に飛ばされることになってしまったのだが。

ちなみにメディア先生は最初、領主館から出ることにかなりの抵抗を見せた。

曰く、この地は日の光が強くて、外に出ると死んでしまうとかなんとか。

伝聞にある吸血鬼や幽霊でもあるまいし。

だが、万が一薬を飲んで領民に副作用が出た場合に備え、彼女にはなんとしてもついてきてもらわなければならない。

結局、全身白ずくめのとんでもなく怪しい格好に着替えてきた彼女を連れて町にやってこられたのは、昼を過ぎた頃だった。

まず、僕たちはバタラの家に向かう。

バタラはメディア先生の姿に面食らっていたが、一緒に訪ねてきたのが僕だとわかると安心したように笑みを浮かべた。

彼女は最初こそ僕たちに病が伝染ってはいけないと母親のいる部屋への入室を断っていたが、僕が連れてきたのが医者であり、病の特効薬も持ってきたと告げると渋々中に入れてくれる。

メディア先生が診察すると、バタラの母親は当初の見立て通りウララ病で間違いなかった。

僕は持ってきた薬の瓶を取り出して差し出す。

「領主様、本当にいいのですか？」

僕の横で心配そうな表情をしていたバタラが尋ねてきた。

何を心配しているのだろうか。

「もちろん。そのためにたくさん薬を用意して持ってきたんだからな」

ベッドに横たわったままのバタラの母親は、かなり体力を消耗しているようで、上体を起こすのもつらそうだった。

彼女の背中を手で支えながら、もう片方の手で薬の入った瓶を口元に持っていく。

「ありがとうございます、領主様。私みたいな平民のために貴族様がこんな……」

バタラの母親が、苦しそうな表情で頭を下げた。

「お礼は治ってからでいい。今は薬を飲んでゆっくり休むことだ。それに……」

僕は不安そうに見ているバタラをチラッと見た。

「……先にあなたの娘さんに助けられたのは僕の方だからな」

そう言って、薬瓶を傾け彼女の口の中に薬液をゆっくりと流し込む。

しばらくすると、苦しそうだったバタラの母親の表情が和らぎ、やがて静かに寝息を立て始めた。

「熱も段々下がってきたし、顔色もよくなってきたさよ。これでもう大丈夫さね」

メディア先生の言っていた通り、あの薬は本当にウララ病の特効薬だったのだろう。別に疑ってはいなかったが、まさかこれほど早く効き目が出るとは。

家の外に出ると、何事かと集まってきていた野次馬たちがいた。

僕は薬の効果を告げ、同じ病に苦しんでいる人たちに飲ませるようにと薬の瓶を手渡していった。

薬を求めた領民たち全員に渡し終えたあと、バタラが玄関から出てきて頭を深く下げる。

「領主様。このたびは本当に、本当にありがとうございました」

「礼には及ばないさ。僕は領主として当然のことをしたまでだからね」

そう言ってから、今のはキザすぎたかなと少し赤面して目を逸らす。

「……私、今まで貴族様というものを誤解してました」

「誤解？」

「はい。たぶん町の人たちも誤解していたんだと思います」

バタラが言うには、エリモス領が王国から見捨てられたあと、ずっと貴族階級の者が近寄ることはなかったそうだ。

デゼルトの町の先には、王国が総力を挙げて開発しようとして失敗した大渓谷くらいしかない。

貴族が興味を示さないのは仕方がないとは思う。

それでもかつての領主はなんとかしようと頑張ってきたはずだ。

あの地下室がそれを物語っている。

だが、前領主が去ったあと、王国からの目も届かなくなったこの町には、いつしか訳ありの者たちが集まるようになった。

そんな問題のある人たちが貴族を好むわけはない。

過去、領地をなんとかしようと頑張った前領主を知る者たちを除けば……だが。

それも十年以上も昔の話。

月日が流れて、前領主を知っている者たちも少なくなり、やがてこの地を見捨てた貴族と王国に対する悪評だけが残ってしまったということか。

「なるほど。それで出迎えが一人もいなかったわけだ」

「本当にすみませんでした、領主様」

「いや、いいさ。そういう認識は、これから僕が頑張って変えていけばいいだけだからね」

それに、先日のお茶会で僕は領民の心に、僅かではあるが歴代領主たちの努力が伝わっていたのだと知った。

だから僕はそう言い切れるのだ。

「……」

すると、バタラが何か言いたげに僕の顔をじっと見つめてくる。

彼女自身は無自覚かもしれないが、褐色の美少女にそんなに見つめられたら困ってしまう。

「何か言いたいことでもあるのかい？」

視線に耐えきれず、僕は目を逸らして尋ねた。

「凄いなぁって思って」

「凄いって何が？」

「領主様のことです。本当に凄いお方なんだって、改めて思ったんです」

そう呟く彼女の瞳には、純粋な賞賛の色が浮かんでいた。

「僕は君が言うほど凄くないよ。だって本当に凄かったら、今頃僕は……」

『こんな僻地になんて飛ばされてこなかったはず』と言いかけて口をつぐむ。

この期に及んでそういった言葉が頭をよぎったことに対して、僕は自己嫌悪した。

バタラは、首を横に振って言う。

「いいえ、領主様は女神様から授かった力を、私たちのためになんの躊躇もなく使ってくださいました」

「それは当たり前だろ。貴族が女神様から力を授かるのは民を守るためだ」

バタラとの会話に、横からメディア先生が苦笑気味に口を挟んでくる。

「そんな考え方ができるのは坊ちゃんくらいだってことに、そろそろ気がついた方がいいんじゃないかね」

確かに兄上と姉上は庶民に対して辛辣で、今まで気持ちのいい対応をしているところを見たことはない。貴族にはそういったタイプが多いのも知っている。

でも、僕は成人の儀で女神様の像に誓った。

授かった力は全て民を守るために使うのだと。

それこそが、貴族が貴族である理由なのだと僕は教えられていたから。

教えてくれたのは、僕が今でも師匠と呼ぶ人物。

時々館の庭に現れては、僕に色々なことを指導してくれた謎の人であった。

最初はただの不審者かと思っていたけれど、会うたびに僕の知らない知識をくれるので、自然と師匠と呼ぶようになっていたんだっけ。

確か、「授かった力は全て民を守るために使うのだ」という貴族としての心得は、師匠にとっての大切な人の言葉だと聞いた記憶がある。

その人はさぞかし立派な貴族なのだろう。

もしかしたら、僕が追放されても前を向くことができたのは、師匠の教えがあるおかげなのかもしれない。

「僕以外にもいますよ」

そう、少なくとも師匠と、その大切な人がいる。

いつかまた会える日が来るのだろうか。

その時突然、一人の男が駆け寄ってきた。

「領主様ぁーーー！」

護衛のロハゴスが黙っているということは危険人物ではないようだが、なぜか顔が鼻水と涙にまみれている。

「な、なんだ」

「領主様ぁぁ、ありがとうございました。ありがとうございましたぁぁ。娘が、娘がいただいた薬のおかげでぇぇ」

男は鼻水を飛ばしながら叫び、その場に座り込んで頭を地面に擦(こす)り付ける。

あまりの勢いにちょっと引いていると……

「領主様ぁ！　アンタのおかげでうちの爺ちゃんが助かったよ！」

今度は中年の女性が先ほどの男と同じように走ってくる。

その後もどんどん住民がお礼を言いに集まってきたので、ロハゴスに対応を任せ、一旦バタラの家の中に避難したのだが……

次から次へと人が雪崩(なだれ)のように入ってきて、またたく間にバタラの家の玄関には人の山が出来上がった。

「ロハゴス！　領民たちを一旦家の外に出してくれっ！　危険がなければ通していいとは言ったけど、少しは限度というものを考えてっ」

「ご、ごめんなんだな。町のみんながどうしても坊ちゃんに直接お礼が言いたいと、さ、殺到(さっとう)してきたんだな」

そういったやり取りをしている間にも、どんどん人がやってくる。

みんなそれぞれ礼の言葉を口にしながら、人によってはお礼の品まで僕に向けて差し出してきた。

「わかったから。それはわかったから！」

メディア先生やバタラ、ロハゴスと一緒に彼らを家の中から必死に押し出し、その場に集まった人々に告げる。

「僕はもう帰らねばならない時間だから、お礼はまた今度にしてくれ。次は領主館の方によろしく」

このままではバタラの家が壊れかねない。

僕はそれだけ口にすると、ロハゴスに守られながらメディア先生と共に人波をかき分け、領主館に逃げ帰ったのだった。

◇　◇　◇

トンテンカン。

トンテンカン。

館中に鳴り響くそんな音で、目を覚ます。

昨日は散々な目にあった。

感謝されるのは素直に嬉しいが、限度というものがあるということを知るにはいい経験だった。

トンテンカン。

トンテンカン。

「ところで、先ほどから聞こえるこの音はなんだろう。あっちこっちから聞こえてくるんだが」

「大工の皆様が館を修理している音でございます」

寝ぼけ眼のまま独り言を口にしたら、すぐ近くから返事があって、僕は思わずベッドの上でビクッと体を震わせる。

声の主はまったく悪びれる様子もなく、いつものようにティーポットにお湯を注ぎ始めていた。

返事をしたのは僕の専属メイドであるラファムだった。

毎度のことながら気配を全然感じない。まさか部屋の中にいるとは思わなかった。

「なんだ、ラファムか。気配がなかったからびっくりしたじゃないか」

「メイドとしての当然の嗜みでございます」

え？

そうなの？

世のメイドたちはみんな完璧に気配を消すことができて当たり前なの？

「それよりも坊ちゃま。お目覚めの一杯用に新しくブレンドした茶を作ってみましたので、例のコップをお出しください」

「いいのか？」

僕のコップに注ぐということは、彼女が苦心して作り上げたブレンド茶を簡単に複製できるようにするということだ。

てっきり、前にラファムの紅茶を僕が勝手に複製したのを気にして、新しいお茶を作ったのかと思ったのだが。

僕は右手にコップを出現させると、スキルボードを出して余計な液体が出ないように操作する。

「たとえ複製されたとしても、私自身が愛情と技術を持って淹れたお茶の方が上だと自負しておりますので。坊ちゃまがおっしゃってくれたように」

確かに僕もそう思う。

温度のこともあるのかもしれない。だがそれ以上に、彼女の言う通り、複製できない何かが存在するのだろう。

神具ですら真似できない、彼女自身が積み重ねてきたもの……か。

「そうは言っても、ラファムが研究に研究を重ねて作ったんだろ?」

「ええ、私が坊ちゃまや皆さんに喜んでもらいたくて作った目覚めのお茶です。さしずめ特製モーニングティーと言ったところでしょうか」

そう微笑(ほほえ)みながらモーニングティーを注ぐ顔には、一切の曇(くも)りがない。

「これも皆様に振る舞ってください。先日のお茶会で私のお茶がたくさんの人を笑顔にするのを見ることができて、本当に嬉しかったのです」

その言葉は、彼女の本心らしい。

普段はあまり表情を変えないラファムだが、今は、はっきりと嬉しそうだった。

こうして改めて見ると、やはり彼女はとても綺麗な女性だなと思う。

けれどもそれは異性に対する気持ちではなくて……

「坊ちゃま、冷めないうちに飲んでくださいませ。きっと目が覚めると思いますわ」

「いや、ごめん。ありがとう、いただくよ」

気を取り直して、僕はそっとコップに顔を近づける。

記憶の中に埋もれていた、死んだ母親の顔とラファムが重なって見えてしまった。

僕は少し照れつつ鼻から息を吸い込んでモーニングティーの香りを楽しむ。

スーッと爽やかな香りが鼻腔をくすぐった。

何種類もの茶葉が混ざり合いながらも、喧嘩することなくそれぞれを引き立てている。

確かにこれは目が覚めそうだ。

僕はゆっくりとコップを傾け、モーニングティーを口にした。

先ほど鼻腔をくすぐった爽やかな香りが、口の中に広がっていく。

と同時に、風に吹かれて頭にかかっていた靄が晴れていくような、不思議な感覚を抱いた。

意識していなかったが、目覚めたばかりの僕の脳には、心地よい夢への未練がまだ少し残っていたみたいだ。

それが一気に消えていくというのは、とても不思議な感覚で……

「素晴らしい。これからも毎朝このモーニングティーをお願いするよ」

「ありがとうございます。気に入っていただけたようで、何よりでございます」

無表情ながらも、微かに喜びをたたえてラファムが頭を下げる。

トンテンカン。

トンテンカン。

その間も、先ほど僕が目覚めた原因となった謎の音は聞こえ続けていた。

頭がスッキリしたことで、余計に音が気になりだした僕は、ラファムに尋ねる。

「もう一度聞いてしまって申し訳ないんだけど、さっきから聞こえてるこの音は何かな？」

「領主館を修理している音でございます」

「でも、いろんなところから聞こえてくるんだけど」

この館に現在いる現役の大工は、ルゴスだけである。

バトレルやロハゴス、エンティア先生やデルポーンたち、他の臣下が多少手伝っているとしても、主だった作業ができるのはルゴス一人のはずだ。

複数の箇所から作業の音がするというのは、一体どういうことだろうか。

ちなみに、メディア先生はバタラの家から帰宅してから一度も顔を見ていない。

たぶんまた地下室にこもっているに違いない。

「それはですね——」

僕の疑問にラファムが答えてくれる。

今朝早くのこと。

領主館の前に何人かの男衆が押しかけてきたそうだ。

彼らは町の大工で、薬のお礼に領主館の修理を手伝わせてほしいとやってきたという。

「昨日、坊ちゃまが薬を配った中に、大工の棟梁さんがいらしたらしくて。とても感謝なさってました」

「それで部下の人たちを連れて手伝いに来てくれたのか」

情けは人のためならず。

昔、師匠に教えてもらった言葉だ。

身をもって経験できるとはな。

「じゃあ、その棟梁さんに挨拶でもしてこようかな」

「そうなさるのがよろしいかと思います。ではお着替えを」

「任せる」

僕の返事を聞くと、彼女は一着の服を取り出し、僕に尋ねる。

「こちらでよろしいでしょうか？」

華美な装飾がなく、簡素でありながら貴族が着ていてもおかしくない、動きやすそうな服だ。

「ああ、頼むよ」

「では」

次の瞬間、ラファムは一瞬で僕に近寄り、目にもとまらぬスピードで寝間着を脱がせ、あっという間に着替えさせた。

「それではいってらっしゃいませ」

恭しく礼をする彼女の右腕には、先ほどまで僕が着ていた寝間着一式がある。

いつ体験しても、魔法のような手際には驚かされるばかりだ。

「行ってくるよ」

短く告げ、僕は部屋を出て『トンテンカン』と鳴り響く音の一つに向かって歩きだした。

そこに棟梁がいるかどうかはわからないが、別の大工であったとしても、その人に棟梁の居場所を聞けばいいだけだ。

「そうだ、ラファムもああ言っていたことだし、みんなにもモーニングティーを振る舞ってあげよう」

朝早くとは言っても、既にかなり暑くなってきている中での作業だ。

きっと、みんな喉が渇いているに違いない。

「それとも普通の紅茶の方がいいだろうか？」

ラファムの特製紅茶を普通などと言ったら罰が当たりそうだが、便宜上そう使い分けることにする。

僕はティーカップを調達するために目的地を厨房の方へ変更しつつ、スキルボードを開いた。

「えっ……」

画面を見て、思わず足を止めてしまう。

「紅茶が……なくなってる⁉」

そこには昨日までは確かにあったはずの【紅茶】の文字はどこにもなく……

「これってまさか……上書きされたのか？」

その代わりに表示されていたのは【モーニングティー】という文字であった。

僕は【モーニングティー】の文字を見ながら考える。

もしかして同じような液体をこの【聖杯】に取り込むと、上書きされて一番あとに取り込んだものに変わってしまうのだろうか。

つまり、今回は同じお茶系統だったから元の【紅茶】が【モーニングティー】に上書きされてしまった。

それは【ウララ病の薬】も、他の薬を取り込んだら上書きされる恐れがあるということだ。

「ということは似た液体を量産したかったら、最悪の場合、その都度取り込むという作業が必要なのかな」

正直それは面倒くさい。

保存が利く液体なら、作れる間に取り込み用の分を用意して、必要な時にまた取り込めばいい。

けれど、紅茶のように長期間の保存に向かないものは、その手は使えない。味も落ちるしね。

紅茶であれば毎回ラファムに作ってもらうことで再登録は可能だが……

「おや？」

廊下の真ん中で立ち止まり、色々と考えつつスキルボードをじっと見ていると、あることに気がついた。

「【モーニングティー】の文字の後ろにうっすらと何か見えるな」

なんだろうと思い、白く輝いている【モーニングティー】の文字に指を伸ばす。

すると……

「おおっ」

指が触れた瞬間、突然【モーニングティー】の文字の右横に【紅茶】の文字が現れた。

「もしかして」

僕が【紅茶】の文字を指で触ると、【モーニングティー】と【紅茶】の位置が入れ替わる。

今は左側に白く輝く【紅茶】の文字があり、右側に灰色に暗くなった【モーニングティー】という配置になっている。

「これって……切り替えられるってことか？」

一旦スキルボードを閉じて、コップに魔力を流し込みながら中身を飲んでみる。

すると、先ほどまでの目が覚めるような風味とは真逆の、心を落ち着かせるいつものラファムの紅茶の味と香りが口に広がる。

「うん。ちゃんと【モーニングティー】から【紅茶】に切り替わってるな。同じ系統のものはこうやってまとめられて、その中から更に選べるようになるわけだ」

とにもかくにも、これで先ほどの心配は杞憂に終わった。

まだ【お茶】でしか試していないから少し不安が残るが、今度メディア先生に協力を頼んで、ウララ病以外の薬を取り込ませてもらって実験してみよう。

「とりあえず今は頑張ってくれている大工たちに【紅茶】か【モーニングティー】のどちらかを配って歩くか」

仕事を始めたばかりなら、意識の覚醒する【モーニングティー】がいいだろうが、休憩時間中なら安らぐ【紅茶】の方がよいだろう。

そう考えながら、再び厨房へ歩きだすのだった。

◇　◇　◇

厨房で昼ご飯の仕込みをしていた料理長のポーヴァルに、ティーカップの置いてある場所を教えてもらい食器棚へ向かう。

だがいつの間に先回りされたのか、そこにはラファムがバトレルと二人でカップをトレイに載せて待ち構えていた。

相変わらずこの二人は、まるで僕の行動を読んでいるかのようだ。

僕は苦笑しつつ彼らのもとに歩み寄る。

「坊ちゃま。私とラファムの二人でティーカップは運びますのでお任せください」

「ああ。頼む」

バトレルの言葉に頷くと、二人は軽く頭を下げた。

動きが完全にシンクロしており、美しささら感じる。

もしかして、僕が知らないだけでいつも練習とかしているのだろうか。

「まずは棟梁様のところへご挨拶に向かうのでございましたな。ご案内いたします」

「棟梁の居場所を知っているのか、バトレル」

「はい。先ほどまで私も作業を手伝っておりましたので」

バトレルとラファムに案内され、厨房を出る。

そしてすぐに、館の端で作業をしていた棟梁に会うことができた。

頭に手拭い（てぬぐ）を巻いて、木粉（もくふん）まみれのその男は、僕の姿を認めると周りの大工たちに作業を任せこちらに向かって歩いてくる。

「これはこれは領主様じゃねぇか。昨日は本当に助かりましたぜ」

彼は体の埃（ほこり）をパンパンと払い落とし、手拭いを外し頭を下げた。

「あなたは確か昨日――」

その男は昨日、涙と鼻水で濡れた顔のまま頭を地面につけてお礼を言ってきた人物だった。

昨日はかなりアレな状態だったせいで引いてしまったが、今はまさに大工の棟梁らしい威厳を感じさせる精悍な顔つきである。

日に焼けた肌と、鍛え上げられた筋肉が眩しい。

「苦しんでいた娘が、領主様の薬のおかげですぐに落ち着いたもんでよ。あまりの嬉しさについあんな真似をしちまった」

「そんな風にお礼を言われることじゃないよ。領主として当然のことをしたまでさ」

「それでもです。もし領主様が来てくださらなかったら、今頃はもっと病が広がっていたはず。本当にありがとうございますと言うしかねぇ」

「民の健康と幸せを守るのが、領主、そして貴族の責務だからね」

僕はそう答えてから、傍らに控えていたラファムに指示を出し、ティーカップを一つ受け取る。

色々考えたが、とりあえず【モーニングティー】を振る舞うことに決めて、コップから注ぐ。

「こりゃこの前飲ませてもらった紅茶ですかい？」

「いや、それとはまた別のお茶だ。これを飲むと頭がスッキリするんだよ」

「ほほぅ、そりゃ凄い」

「僕が作ったんじゃなくて、そこのラファムが作ってくれたんだけどね。彼女はブレンド紅茶作りの天才なんだ」

僕の言葉にラファムは少し驚いたような顔をして、ふんわりと笑みを浮かべ軽く棟梁に会釈する。

棟梁も「ほほぅ、この娘さんが」と呟きながら会釈を返す。

「ちょっと作業を休憩してもらえないかな？　みんなにもお茶を飲んでもらいたいんだけど」

「ええ、もちろんでさぁ。それじゃ今から呼んできますんで、少し待っててくれますかい？」

「ああ、その間にお茶の準備をしておくよ」

近くにいた若者と共に、棟梁は他の現場に向かって駆けだしていく。

彼の背中を見送りながら、僕はバトレルとラファムの二人に指示を出そうとして――

「二人とも準備をお願い……もう終わってるんだな」

「はい」

「先日のお茶会で利用した机を持ってまいりました」

僕が棟梁と会話している間に、バトレルは机を取りに行っていたらしい。

まだ僕がこの場でお茶を配るともなんとも言っていなかったのに。

これが以心伝心（いしんでんしん）というやつなのだろうか。

生まれた時からずっと僕を見守ってくれてきた専属執事のことだけはある。

「ありがとう、二人共」

「これが私たちの仕事ですから」

仕事か。

そう言われるとなんだか寂しくもあるな。

この領地に一緒に飛ばされてきた『問題児たち』は、僕にとっては家族同然だと思っているのだけれどね。

しかし、そんな言葉は照れくさくて口にできるはずもなく——

やがて大工たちやルゴス、そして他の臣下までもがぞろぞろと集まってきて即席のお茶会が始まると、そんな寂しさはいつの間にか消え去った。

気を利かせた料理長のポーヴァルが差し入れに軽食を持ってきてくれたり、騒ぎを聞きつけてやってきたエンティア先生に少し説教されたり。

今にも崩れそうな館の中で、僕たちは楽しいひと時を過ごしたのだった。

第二章　名産品開発と収穫祭と

僕がデゼルトの町にやってきてから十日ほど経った。

細々（こまごま）とした雑務をこなす日々にやっと慣れてきたところである。

今日、僕はオアシスの泉にまた水を注ぎにやってきていた。

というのも、町にやってきた初日に魔力切れになるまで注いだというのに、数日して見に行くと既に水量がかなり減ってしまっていたからである。

「凄いです、シアン様！」

コップに魔力を注ぎ込み、泉に水を入れ続ける僕の横で、バタラが感嘆の声を上げる。

いつまでも命の恩人の彼女に「領主様」と言われるのも寂しかったので、彼女には「シアン」と名で呼んでもらいたいと告げた。

最初は「領主様を名前で呼ぶなんて」と躊躇していたバタラだったが、なんとか頷いてくれた。

魔力切れに注意しつつ、どうしてこんなに水が減ったのだろうかとバタラと話していると、彼女からこんな話が出てきた。

「随分と少なくなっていた井戸の水量が復活していたので、たぶん地下に流れたんだと思います」

なるほど。

元来デゼルトの町の泉は、地下水脈が水源である。

しかしエンティア先生に教えてもらった通り、エリモス領の地下水脈は徐々に枯れていた。

ついには湧き出る水もなくなり、オアシスが消滅してしまうほどに。

「数年前までは、泉の水量はちょうどあのベンチの前の枯れた木のところまであったんです」

バタラは遠くに見えるベンチを指さした。

「そんなに？　それが数年で枯れるなんて、干ばつ被害があったとしても急激すぎる。一体何があったんだろう？」

「わかりません。町の人たちは、地下水脈を形成する水源地に何かがあったのではないかと噂してますけれど」

「水源地か。確かに雨が滅多に降らないこの地域においては、どこからか水が流れてきているはずだ。それで、その水源地ってどこにあるんだ？」

この地には、水源になりそうな場所——河川や標高の高い山は見当たらない。

いや、実際には一つだけ大きな山が遠くに見えるのだが、その山があるのは、人類の進出を拒む大渓谷の向こう側だ。

あの山から水が流れてきたとしても、水路は渓谷の対岸で途切れているはず。

しかし、僕の問いにバタラは首を横に振って答える。

「実は、どこに水源があるのかさっぱりわからないのです」

「それがわかっていれば、水がなくなっていくのを黙って見ているわけはない……か」

「確かに数年前の大干ばつから一気に水量が減りましたが、それ以前から徐々に水位は下がっていたのです。だから町の人たちも水源を探そうとはしたんですけど」

見つからなかったか。

地下深くに流れる水脈の元を探すなんて、普通の人間には無理だ。

可能性があるとすれば、女神様から探知系の力を授かった貴族くらいだが、僕の知る限りそんな人物に心当たりはない。

「近所のおじさんたちが言うには、王国が大渓谷の開発事業を諦めてこの町から去った頃から減りだしたって言ってました」

「それってもしかして……王国が水源に何かしたせいで、水が枯渇していったってこと？」

「私にはなんとも」

大渓谷の底には川があるらしいと言われているが、高低差を考えると関係があるとは思えない。

だが、彼女の言葉が確かであれば、まったく関係がないとも言い切れない。近いうちに調査に向かうべきだろうか。

今でこそ、この町の水は枯れかけているが、調査団が派遣された頃は国家規模で動員された人たちをも賄える水量があったというわけで。

それが突然枯渇するというのは不思議な話である。

「とりあえず僕がいる間は水に関して心配はいらないけど、僕がいなくなったあとのためにも原因究明は必須だな」

「シアン様。もしかしてどこかに行ってしまわれるのですか？」

心配そうな目を向けてくるバタラに、微笑みながら答える。

「大丈夫。僕にはここ以外に帰る場所はないからね。今言っているのは、僕が死んだあとの話さ」

「死ぬって……もしかして」

彼女は無駄に深い意味で捉えてしまったようだ。

これは訂正せねばなるまい。

「いや、別に何か重い病気にかかってるわけじゃないよ。頑張って寿命一杯まで生きるつもりさ。だけど人はいつか死ぬだろ」

「よかった。私はてっきり――」

不安そうな表情を浮かべていたバタラに笑顔が戻る。

「とりあえずは、また魔力切れを起こして死にかけないようにだけは注意しないとね」

僕は笑いながら言って、水の放出をやめた。

まだまだバタラから聞いた水位にはほど遠いが、微かに残る水の跡を見る限り、この前溜めた時の水位よりは高く流し込めた。

「というわけで今日はここまでにしておくよ」

僕はバタラと二人、オアシス脇の長椅子に移動する。

「魔力切れで死ぬことがあるのですか？」

「あるらしいね。だからあのあとにエンティア先生に思いっきり怒られたよ」

そう答えつつスキルボードの【水】を【紅茶】に切り替え、持ってきていた籠から二つのティーカップを取り出し紅茶を注ぐ。

スキルボードの操作には随分慣れてきた。

「はいどうぞ。ずっと見てるだけで喉が渇いただろ」

「いいのですか？」

「君にも教えただろ。僕の魔力がある限り、このコップから【紅茶】でも【水】でも作り出せるってことをさ。それに今日はまだまだ余裕があるからね」

「ありがとうございます。それでは遠慮なくいただきます」

オアシスの脇で二人、簡易的なティータイムだ。

籠からポーヴァルに頼んで作ってもらったクッキーを取り出し、バタラとの間に置く。

「うちの料理長が、この土地の『サボ』とかいう植物を使って試作したクッキーを持ってきたんだ。いろんな人に食べてもらって感想を聞いてきてほしいって言われててね」

「サボですか。確かに私たちも食べますけど、苦味が強い植物ですし、お菓子にする発想はありませんでした」

　少し緑がかったクッキーを、バタラは恐る恐る口に入れる。

　ニヤニヤしながら見ていると、次の瞬間、彼女の目が見開かれた。

「お、美味しいっ」

「だろ」

「それにとっても甘いです」

　最初にポーヴァルから手渡された際に、味見は済ませてある。

　当然、不味いものを彼女に食べさせるわけがない。

　それ以前にポーヴァルが、美味しくないものを試作品としてであっても僕に渡すとは思えないが。

「私、こんなに甘いお菓子を食べたのは初めてです」

「それはよかった。サボの微妙な苦味が逆に砂糖の甘さを引き立ててるだろ」

「砂糖ですか。そんな高価なものを私なんかに」

「気にしないでくれ。今でこそ高価だけど、もう少ししたら簡単に砂糖が手に入るようになるからさ」

　僕は少し意地悪げな笑みを浮かべて、意味深なことを彼女に告げる。

「それってどういう……」

　首を可愛くかしげる彼女に「今はまだ秘密だよ」とだけ答えて、僕は立ち上がる。

「さて、迎えが来たようだし、僕はそろそろ帰るとするよ」

小高い丘の上の領主館から、バトレルがこちらに歩いてくるのが見えた。

僕は護衛のために少し離れた場所で立っているロハゴスを呼んでから、バタラに向き直る。

「また明日もいつもの時間くらいに水を注ぎに来るよ。あとそのお菓子はプレゼントするから持って帰ってね」

「こんな高価なものをいただけませんっ！」

お菓子の入った入れものを突き返そうとする彼女を、手で制止する。

「さっきも言ったろ。今はまだ高価かもしれないけど、近いうちにそうじゃなくなるって。それとも、もしかして僕からのプレゼントは受け取れないかい？」

「いいえ、そんなことはありません」

「じゃあ問題ないね。あ、それと今言った砂糖のことはまだ秘密だから、誰にも言ってはいけないよ」

「はい、それはもう」

そうこうしているうちに、バトレルの顔がハッキリ視認できるまで近づいてきた。

「それじゃまた明日。お菓子を他の人にあげるなら、感想も聞いておいてくれると助かる」

「はい、わかりました。また明日」

軽く手を振って別れを告げ、ロハゴスをお供に、丘を下ったところで待っていてくれているバトレルの方へ向かう。

ルゴスに頼んであった、あの計画に必要な設備の準備はどれくらい進んだか、バトレルに聞いてみないとな。

町の人々やバタラから聞き出した、行商人がやってくる日。

それまでにできる限り計画を進めておく必要がある。

「坊ちゃま」

「ああ、わかっている」

僕はもう一度振り返ると、まだベンチの側で見送ってくれているバタラに再度手を振ってから領主館への坂を上り始めるのだった。

◇　◇　◇

「いいアイデアだと思ったんだけどな」

僕がいるのは領主館の庭。

ルゴスに頼んで作ってもらった窯（かまど）の前に座り込んで、一人落ち込んでいた。

実は先日、料理長のポーヴァルから試作品のクッキーを受け取った時に「砂糖を量産したら領地の特産品にできるんじゃないか」と思い立ち、すぐに砂糖水を作ってコップに取り込ませたのだ。

「砂糖水から水分を飛ばせば砂糖になるってわけじゃなかったんだな」

そう、僕は勘違いしていた。

前にエンティア先生から、塩はどうやって作るのかを教えてもらったことがあった。その時、塩分を含んだ水を蒸発させるのだと聞いたのである。

てっきり、見かけがそっくりな砂糖も同じように水分を飛ばせばできるものだと思っていた。

だが出来上がったのはドロドロの飴のようなもので、しかもすぐに焦げて炭になってしまった。

これでは売り物になる以前の問題だ。

「坊ちゃん、それじゃあ粉砂糖は作れませんぜ」

いつの間にか僕の様子を見に来ていたポーヴァルが声をかけてきた。

彼はそのまま僕の隣まで来ると、焦げてしまった砂糖水の残骸を見て顔をしかめる。

「いくら神具で作ったものでも、砂糖をこんな風に無駄にするのはもったいなさすぎますな」

「すまない。塩みたいに簡単に取り出せると思っていたんだ」

「確かに塩は塩水を茹でて水気を飛ばせば粉に戻りますがね」

ポーヴァルはそう言いながら、炭になりかけの残骸を器用に鍋の底から取り除いていく。

「まだ酷く焦げつく前でよかった。うん、これなら大丈夫ですな。坊ちゃん、少し水を鍋に入れてくれますか？　ちょいと洗いたいんで」

「ああ、わかった」

スキルボードをいじって【砂糖水】から【水】に切り替え、ポーヴァルが差し出した鍋に注ぎ込む。

鍋の半分ほどまで注いだところで、彼はどこからか取り出したタワシで鍋の中をガシュガシュと洗い始めた。

水を数回入れ替えて繰り返し洗い、鍋に元の輝きが戻ったのを確認すると、ポーヴァルは僕にもう一度砂糖水を入れるようにと鍋を差し出してきた。

どうやら彼は僕が失敗した砂糖作りを、もう一度試してみるつもりらしい。

「ポーヴァルも今、粉砂糖を砂糖水から作り出すのは難しいって言ってなかったか？」

「そう、粉砂糖は難しい。できなくもないが、手間がかかるし、ここの設備じゃ無理ですな」

「じゃあ何をするつもりなのさ」

「少し試してみたいことがありましてね。さぁ坊ちゃん、早く注いでくれませんか」

疑問に思いつつ、言われるがまま鍋の八分目くらいまで砂糖水を入れる。

ポーヴァルは砂糖水が入った鍋を、窯の上に置いて煮始めた。

しばらくして砂糖水の表面が泡立ってくると、彼はゆっくりかき混ぜる。

そして段々と粘(ねば)り気が出てくるまで煮ると、そこで鍋を火から下ろしてしまう。

「えっ、そのまま水分を全部飛ばすんじゃないの？」

「いや、さっきも言った通り、そこまでやるには設備も何もかも足りなくて焦がしてしまうだけですぜ」

彼はそう言いながらも鍋の中を混ぜる手を止めない。

そのままどろどろになった砂糖水が、ある程度冷めるまでかき混ぜ続けた。そして僕を手招きすると鍋を差し出してこう言う。

「坊ちゃんの神具で、この水飴（みずあめ）状の砂糖水は複製できませんかね？」

「これを？」

「ええ、粉状の砂糖は作れませんが、水飴状なら坊ちゃんのコップで量産できるかもしれないと思いましてね」

確かに【聖杯】は、液体ならば大体なんでも複製可能のはずだ。

けれど半分固形のような水飴は複製できるのだろうか？

「だめで元々、試してみる価値はあると思いますぜ」

「ああ、そうだな。やってみなきゃわからないもんな」

僕はスキルボードを表示させて、手に持ったコップを差し出す。

そして、ポーヴァルが鍋から水飴状になった砂糖水をコップに流し込むのを緊張しながら見つめる。

「本当にできた……」

すると、スキルボードに表示されていた【砂糖水】の文字が【砂糖水飴】に変化したのだ。

いや、変化ではなく追加されたといった方が正しいか。

試しに【砂糖水飴】が選択された状態でコップに魔力を注ぎ込み、ポーヴァルの持つ鍋に向けて傾けてみる。

すると、半透明の砂糖水飴がドロドロと流れ出てきたではないか。

「本当に出てきましたな。少し失礼して」

彼はそう断りを入れると、コップから出てきた砂糖水飴に指をつけてペロリと舐める。

「間違いなくこれは砂糖の水飴だ。坊ちゃん、やりましたな」

「僕もできるとは思わなかったよ」

「自分は坊ちゃんなら絶対できると信じてましたがね」

何をどうすれば僕のことをそこまで信じられるのだろうか。

その期待は時々重くもあるが、今は素直に嬉しい。

毎日の食事に、いつも僕の嫌いな緑の野菜を入れることをやめてくれれば、もっと嬉しいのだけれど。

「ところで、砂糖の水飴じゃあ交易品にはできないんじゃないか？」

僕はポーヴァルに言った。

僕は何もない領地に特産品を作りたかったのだ。

高級品である砂糖を量産できるならかなり強い武器となる、そう思っていたのだが。

「それがそうでもないですぜ。そもそもこの状態になった砂糖は、ちょっとやそっとでは腐ったりしないので長期保存も可能ですからな」

「水分が入っているのに？」

「ええ、不思議なんですが、昔から料理人の間では有名でしてな」

それは知らなかった。

てっきりすぐ腐ったりカビたりするものだと思っていた。

「とりあえず坊ちゃん。今から壺を持ってくるんで、それ一杯に水飴を注いでくれますかね？」

「ああ、かまわないけど何をするつもりだ？」

「砂糖水飴を使う料理やお菓子のレシピ集でも作ろうと思いましてね。その実験用です」

ポーヴァルが言うには、行商人がやってきた時にレシピと共に売り込めば、商談が有利に進むだろうとのことだった。

確かに、水飴を使うレシピは一般には出回っていないだろう。

「久々に腕が鳴りますな」

ポーヴァルはそう言い残して、壺を取りに厨房へ向かっていく。

その背中を見送りながら、僕は鍋の中の砂糖水飴を指で軽く掬い取り舐める。

「甘い。でも、これも僕が生きている間しか作れないんだよな。もっと他に行商人との取り引きに使える名産品でもあればいいんだが」

領地を救うことができる特産物のことを夢見ながら、夕日に沈んでいく町並みを丘の上から見下ろした。

◇　◇　◇

砂糖水飴の商品化に向けて試行錯誤し始めてから数日後。

久々に寝坊してしまったようで、いつもより日が高く感じる。

僕はベッドから起き上がると、日の光が射し込んでくる窓に近寄って外を見た。

「うーん、今日もいい天気だ」

この地にやってきてから、一度も雨が降ることはなかった。

確かにこんな環境では、オアシスも地下水もすぐに枯れてしまうだろう。

前はどこかにある水源から地下に水が流れ込んでいたようだが、今はもうなくなっているみたいだし。

「そういえば今日はやけに静かだな」

最近、いつも僕の目を強制的に覚まさせる工事の音が今朝は聞こえてこない。

もしかして休憩中なのだろうか。

「おはようございます、坊ちゃま。モーニングティーを準備しますね」

いつの間にか背後に現れたラファムが声をかけてきた。

この登場の仕方もいつものことなので、気にせず挨拶を返す。

「おはよう、ラファム。ところで聞きたいことがあるんだけど」

「工事の音が聞こえないことですね」

「よくわかったな」

「坊ちゃまを常に監視――観察しておりますので、大体のことは察せるようになりました」

ん？

今監視って言ったけれど冗談だよね？

真顔で言われたから冗談かどうかがわかりにくすぎる。

そもそも言い直していたけれど、観察という表現も十分怖いからな。

「ちょっと引っかかる言い方だけどまぁいいとして。それより工事は今日休みなのか？」

「ええ、本日は動ける町の男衆総出で、狩りに出かけるとのことでした」

「狩り？」

そういえば前にバタラか誰かに聞いたな。

この町の食料事情は、少ない畑と狩りと行商人との交易で成り立っているとか。

貴族だった僕は嗜みとして、物心ついてからも何度か狩りに出かけたことがある。

護衛を一杯引き連れて、お膳立てされたものだったが、それでも獲物を弓矢で仕留められた時は嬉しかったものだ。

しかしその際の狩り場は大抵森の中や近くの草原。一部に少しだけ緑があるとはいえ、こんな砂漠と荒野に狩りに適した動物がいるとは思えなかった。

現にこの町までやってくる道中、ほとんど生き物は見かけなかったし。

時折、鳥が空を飛んでいた程度である。

「一体どこに何を狩りに行くんだ？」

「この町から西に半日ほど行ったところにある遺跡の中で、魔獣を狩ると聞きました」

「魔獣だって⁉　そんな存在がまだ国内に存在したのか？　それに遺跡って一体」

魔獣。

それは魔法を操る獣（けもの）のことである。

一部の魔獣を除けば繁殖力は高くないため、一般的な動物に比べ数は少ない。

そのため滅多に出会うことはなく、また出会ったとしても集団で挑めばある程度の強さの魔獣までは問題なく倒せた。

逆に言えば魔獣は単体でも、こちらが少人数の時に出会ってしまえば最悪全滅しかねないほど強力だということを意味するのだが。

この国ではかつて大討伐が行われたことにより、既にほとんどの魔獣が国内には存在しなくなったはずだった。

今では国外から流れてきた魔獣が時々発見される程度で、僕自身も魔獣を一度も見たことはない。

そんな魔獣が、この町の近くにはいるというのだ。

しかもそれを狩るとはどういうことなのだろう。

現在この地にいる貴族は僕一人のはず。

つまり町の人たちは、魔法や神具を使わずに魔獣を狩っているということになる。

「その遺跡とは一体なんなんだ」

「さぁ。私にはわかりかねます。あとでエンティア様にでもお聞きになった方がよろしいかと」

確かに、無駄に知識が豊富なエンティア先生なら魔獣や遺跡にも詳しいはずだ。

僕は受け取ったモーニングティーを飲み干すと、一気に冴(さ)えた頭で考える。

「まずはエンティア先生に話を聞く。それから彼女に一緒に町までついてきてもらって、町人から魔獣と遺跡の話を聞き出そう」

「エンティア様は、いつもは昼頃まで一階の執務室にいらっしゃるはずですわ」

僕は飲み終わったティーカップをラファムに返し、いつものように彼女による早着替えの技を受けてから部屋を出た。

毎日聞いていた槌(つち)の音が聞こえないのを寂しく感じながら、静かな廊下を歩いていく。

いつの間にやら修繕はかなり進んでいて、ボロボロだった長い廊下の壁や床も綺麗に張り替えられている。

「町の大工たちは腕がいいってルゴスも驚いてたよな」

王都の大工の間では国一番とも呼ばれていたルゴスがそこまで言うのには少々驚いたが、実際修繕が終わっている部分を見ると、彼の言っていたことは間違いなかったとわかる。

廊下の途中にある、綺麗に修復された階段を下りる。

初めて上り下りした時、あれだけ軋(きし)んだ音を出した階段と同じものとは到底思えなかった。

「大工仕事が一流で、魔獣を狩ることもできるなんて、一体デゼルトの人々はなんなのだろうか」

僕は執務室の扉をノックする。

しばらくして中から鍵が開けられる音がした。

扉が開くと、エンティア先生がいつもの仏頂面(ぶっちょうづら)で「どうぞ」と顔を出す。

というか、鍵とかかける必要ないだろ。

そう思いながら室内に入りソファーに座ると、彼女もその正面のソファーに座った。

「で、今朝はなんのご用でしょうか、シアン様」

「忙しいところ邪魔して悪かったね。ちょっとエンティア先生に聞きたいことと頼みたいことがあってさ」

気さくな口調でそう切り出す。「先生」と呼んではいるが、彼女のことは幼い頃から知っているので、敬語を使う習慣がないのだ。

今朝ラファムから聞いた魔獣狩りの話を伝えて協力を求めると、先生は頷いた。

「わかりました。自分も魔獣という謎の生き物には『少し』興味がありますし、協力させていただきましょう」

「助かるよ。エンティア先生なら、僕より色々わかることもあるだろうしね」

「それは当然でしょう」

さらりと言い放った。

エンティア先生は眼鏡の位置を直すと、立ち上がって部屋の奥へ向かっていく。

しばらくして数冊の本とノートとペンを持って帰ってくると、「さぁ行きましょうか」と告げ足早に一人で部屋を出ていった。

垣間見た彼女の顔はまるで無邪気な子供のようで。

「エンティア先生、もしかして魔獣には『少し』どころか『凄く』興味あるんじゃないか？」

僕は彼女が、自分の興味があるものを見つけると、冷静な振りをしながらも自制が利かなくなることを知っていた。

好奇心こそ知識の源だとエンティア先生は折りに触れ語っていたが、それは自分自身を顧みてのことなのだろう。

「先生、待ってよ」

そんなことを思い出しつつ、僕は慌てて彼女を追って部屋を飛び出し、二人で町へ向かったのだった。

◇　◇　◇

町に下りた僕たちは、井戸端会議をしている奥様方に声をかけ、狩りについて話を聞いた。

やはりラファムの言葉通り、いつもと違い町の中に男性陣が少ないのは、ほとんどの男衆が遺跡へ魔獣狩りに出かけたからだという。

「つまり魔獣狩りが町の主産業ってことなのか」

「その遺跡というのは実に興味深いですね。そもそも私の知る限り、エリモス領内で遺跡が発見されたという話は聞いたことがありませんでした」

「発見されたのは八年くらい前らしいから、国がエリモス領の管理を放棄したあとだね」

「それでも一応我が国の領土ではあるのですから、定期的に連絡便くらいは送ってしかるべきでしょうに。国の上層部は怠慢が過ぎます」

その後も聞いて回った町の住民の話をまとめると、こうだ。

国が大渓谷の開発に失敗し、この地から手を引いたあと。

他に行くあてもなく残された人々は、オアシスを中心に細々と生活を続けていた。

それからしばらくした頃、少し大きめの地震があったそうだ。

そして数日後、狩りに出ていた町の人の一人が遺跡を発見したらしい。

いか。

地殻変動でも起こって、砂に埋もれていた建物が、土地の隆起によって地上に出てきたのではないか。

町の人たちはそう噂しつつ、遺跡を調査した。

「そして、中で魔獣を見つけたというわけですか」

エンティア先生の言葉に頷き、僕は自分の意見を述べてみる。

「遺跡と一緒に沈んでいたのかな」

「魔獣は他の生き物と違い、魔力を糧とするらしいので、普通の生物なら死に絶える環境でも生き延びていた可能性は否定できませんね」

近くに魔獣がいることに恐怖を覚えた町の人たちは、有志を募って討伐に出かけることにした。

最初こそ決死行だったが、魔獣はそれほど強くなく、町の人たちでも油断さえしなければ狩れることがわかった。それからずっと魔獣を資源として利用するようになったらしい。

昔から聞いていた魔獣のイメージとはかなり違うことに、戸惑ってしまう。

一緒に聞いていたエンティア先生も、自分の中の知識との相違に困惑しているようだった。

バタラにも話を聞こうと家へ行ってみると、目をきらめかせて教えてくれた。

「月に一度くらいの頻度で狩りに出かけて、肉や魔石、皮とか骨とか色々使えるものは全て持って帰るんです。そしてみんなが狩りから帰ってくると、ささやかですけど町を挙げての収穫祭が催されるんですよ」

よほど収穫祭が楽しみで仕方ないようだ。

「明後日の祭りはシアン様の就任祝いも兼ねて、いつもより盛大にするってみんなが張り切って出かけていったんです」

つまり明後日に収穫祭が行われるらしい。

「へえ、それは初耳だ」

「えっ……あっ、これ内緒だった」

口を押さえてうろたえだすバタラに苦笑しつつ、僕は「聞かなかったことにするよ」と肩を叩く。

「とにかく一度その遺跡とやらには行ってみたいですね」

エンティア先生はバタラの話を聞いている最中、ずっと一生懸命メモをしていたが、その手を止めて呟く。

バタラによると、遺跡は地上部分だけでなく地下に何層にも広がっていて、深く潜れば潜るほど強い魔獣が生息しているらしい。

不思議なことに奴らは遺跡から外にほとんど出てくることはない上に、強い魔獣が上層階に上がってくることもないんだとか。

町の人々は何度か遺跡を調査しているうちにそのことを知って、自分たちが安全に狩りができる場所を確保して、今までずっと魔獣を資源として狩ってきたようだ。

ちなみに、魔獣の肉は普通に食べられるそう。

その上不思議なことに、冷暗所に置いておけば長期間放置しておいても腐敗しないという特徴があり、重宝されているとのこと。

「それで、皮とか骨とか魔石とかは行商人が買い取りに来ると？」

「そうですね。毎月定期的に色々な品物を持ってやってきてくれます」

国に見捨てられた町なのに、貨幣が流通している理由はそこにあったのか。

こんな地だと、とっくに物々交換の制度に変わっていても不思議ではないとは思っていたのだが。

そしてその取り引きの一部を、バタラの実家が担っているということは先日聞いた。

「大体狩りの一週間後くらいに来てくれるんですよ。とっても優しいおじさんと息子さんのお二人で、砂漠を抜けた先の隣町から来てくださるんです」

砂漠を抜けた先の隣町か。

少し寂れていて、それほど大きくはなかったという印象しかないが。

今のデゼルトの町の生命線はその行商人なのだろう。

バタラの話を聞く限り、他にこの町に商品を売りに来る商人はいないようだし、もし行商人が手を引けば、たちまち文明的な生活が送れなくなるかもしれない。

最悪、領主主導で交易路を確保する必要が出るだろうが、商売を知らない僕らが見様見真似で行うのはかなりの困難を伴うし、販路を構築するのにも時間もかかる。

今来てくれている行商人は、大切にしなくてはいけない。

僕の考えている名産品による領地復興計画に、商人と販路は必要不可欠な存在なのだし。

約一週間後、それまでに準備をしておかなければいけないことが一杯だ。

話を聞き終え、僕たちは一息ついた。

バタラの母親のことを尋ねると、すっかり元気になったらしい。今は大事を取って店には祖母が出向いているとのこと。

ちなみに、バタラの祖母とは一度も会っていない。先日薬を持っていった時も、間が悪いことに出かけていたと彼女は話してくれた。

「とにかく色々聞かせてもらってありがとう。そうだ、バタラ、何か空いている壺とか入れ物はないかな？」

「壺ですか？　確か小さいのが一つあったはず……持ってきますね」

彼女はタタタッと家の奥に向かうと、小さめの壺を持って戻ってきた。

壺の蓋を開けて、彼女に「これは僕が今、交易品にしようと思ってる秘密のものでね」と言いながらスキルボードから【砂糖水飴】を選択する。

「秘密ですか？」

「ああ、一応もうすぐ商品化しようと思っているんだけど、バタラには特別に先に試してもらいたくてさ」

「いいんですか、そんなもの……」

「どうせすぐに出回るから大丈夫。だけどそれまでは、家の人以外には秘密にしておいてくれ」

正直に言えば別に秘密にする必要はないのだけれど、なんだかその方が楽しそうだと思ったのだ。

砂糖のことについては既にバタラには話したことがあるし、成果を見てもらいたかったというのもある。

僕は興味津々といった彼女の前で、壺に【砂糖水飴】を流し込んでいく。

「このトロトロのものが秘密の商品なんですか？」

「ああ、ちょっと指につけて舐めてみて」

「食べ物なんですね。わかりました」

バタラは恐る恐る【砂糖水飴】に手を伸ばす。

「なんだか甘い香りがしますね」

そして口に含み、途端に目をまん丸にして僕を見た。

「味も甘いっ!!　これ、なんなんですか⁉」

「それは【砂糖水飴】と言って砂糖をトロトロの液体状にしたものなんだ」

少し興奮気味の彼女の反応に満足しつつ答えた。

正確には砂糖ではなく砂糖水だが、大した違いはないだろう。

「砂糖ですか。そんな高級品をこんなに……もらえませんっ」

「バタラも知ってるだろ。僕のコップは魔力だけでものを作り出せるってことをさ。だからもうそれは高級品でもなんでもないんだよ」

僕がそう言うと、バタラは少し落ち着いて「本当にシアン様は凄いお方ですね」とあきれたような声で呟く。

「もしかしてこの前のクッキーの時に言っていたのって、このことなんですか」

「その通りだよ。まぁ本当は粉砂糖を作るつもりだったんだけど……ほら、このコップって液体しか複製できないから」

「それでも十分凄いです。複製できないことに気がついて、すぐ砂糖を液体状にすることを思いつくのですから、さすがシアン様」

気がついたのはポーヴァルなんだけどな。

なんだかそんなに褒められるとむずがゆい。

「し、シアン坊ちゃん、そろそろ帰らないとバトレル様が心配す、するんだな」

と、玄関の扉が開いて、護衛をお願いしていたロハゴスが声をかけてきた。

色々話をしているうちに、思ったより時間が経っていたようだ。

「私も一旦館に帰って今日見聞きしたことをまとめたいと思います。できればその遺跡にも行ってみたかったのですが――」

エンティア先生が立ち上がり、愛用のメモ帳を懐(ふところ)に仕舞いながら残念そうに言った。

僕だって遺跡にも魔獣にも興味はあるが、今から追いかけるわけにもいくまい。

「今回はもう遅いから、次回の狩りの時に同行させてもらえるよう頼むしかないね」

「それしかありませんね。それまでに色々と準備しておかないと」

先生とそんな話をしていると、バタラが僕の服の裾を、ちょいちょいっと引っ張ってきた。

「ん？　何か用でもあるのか？」

「えっとですね」

もじもじしながら何やら口ごもるバタラ。

やがて意を決したように顔を上げ、恥ずかしそうに口を開く。

「明後日の収穫祭、私と一緒に回ってくれませんか⁉」

「いいよ、一緒に回ろう」

僕が即答するとは思っていなかったのか、彼女はポカンとしたあと、花が咲くような笑みを浮かべた。

彼女にはいつも世話になっているし、何より初めての収穫祭とやらだ。

右も左もわからない僕にとって、案内役として彼女が最適だろうということもある。

だがそれ以上に、僕にとっては彼女が一番この町の人の中で心を許せる相手なのだ。

せっかくのお祭りを見ず知らずの人と一緒に回るよりよっぽど楽しいに違いない。

「それじゃあ明後日、収穫祭が始まる頃に領主館まで迎えに来てくれるかな？」

「はい、必ず」

僕はそう彼女と約束をして、収穫祭を楽しみにしながら帰路についたのだった。

◇　◇　◇

収穫祭の日。

昼を過ぎてからしばらくしてバタラが迎えにやってきた。

彼女に聞いたところによれば、収穫祭のメインは夕方から夜で、午前中は祭りで振る舞われる食べ物の仕込みを町中総出でやるのだそうな。

いつもはここまでしないとのことだが、水が復活したことと僕の就任祝いを兼ねて盛大にやることになったらしい。

ありがたいやら気恥ずかしいやら。

それを聞いて昨日、バトレルと話し合って我が家臣団からも応援の人手と資材、食材を供出するということに決めた。朝から、何人かの家臣が町に下りていって手伝いをしているはずだ。

これは家臣と町の人たちが仲良くなるチャンスでもある。

それ以外に僕も色々な仕込みをしているのだが、みんなは喜んでくれるだろうか。

領民たちが喜んでくれれば僕も嬉しい。

「今日は楽しみだな」

「私もです」

領主館から続くなだらかな坂を、僕とバタラは喋りながら下りていく。

目の前に広がるオアシスの町デゼルトには、いつもと違い道に机が並べられていたり、出店が設置されていたりと、既に収穫祭が始まったような雰囲気がうかがえる。

いつも護衛してくれているロハゴスは収穫祭の準備に駆り出されている。そのため今日の護衛はラファムがしてくれることになったのだが、先ほどから少し後ろを無言でついてくるので微妙に居心地が悪い。

ロハゴスだと、存在感が大きすぎるが故に、建物みたいに見えて逆に気にならないのだが。

バタラとも知らぬ仲ではないのだし、少しは会話に混ざってくれてもいいのにと思いつつ丘を下る。

「でも祭りの始まる時間ってもう少しあと、なんだよね」

僕が聞くと、バタラは頷いて答える。

「ええ、そうですね。もう少し涼しくなってからが本番です」

この町は王都に比べると暑い。

と言っても、エリモス領の中心部にある砂漠地帯に比べるとかなり過ごしやすい気候になっている。

不毛の地とはいうが、完全な砂漠になっておらず、ところどころに植物の姿が見えるのは、もともとあった地下水脈だけでなく、周辺の不可思議な環境も影響しているのだ。

不可思議な環境とは何か。

それは大渓谷の向こう側に見える山脈の中心部にそびえ立つ、大きな山による現象だ。

あの山から不思議と涼しい風が大渓谷を越えてこのあたりまで届いて、周囲の気温を下げてくれているのである。

しかも夜になるとピタリと風はやむため、冷え込んでしまう夜を更に冷やすことはないという。

「山から風が吹いて気温を下げてくれるんだよね……一体どんな仕組みなんだろうな」

「わかりません。けれどあの山の麓（ふもと）にはエルフ族が住んでいるらしくて、彼らが風を操っているんじゃないかって」

「えっ？　エルフ族ってそんな近くに住んでいるの？」

エルフ族。

それは森の奥に住み、女神様から加護を授けられなくとも風魔法を自由自在に操る種族のことである。

気高い彼らは、滅多なことでは自分たちの領域を出ることはなく、実際に会ったという人もほとんどいない。

今では神話の中にその姿を残すのみとなっていて、実在すら疑われている存在だ。

そんなエルフが大渓谷の向こう側に存在すると聞いて、僕は少し興奮気味にバタラを見た。

すると彼女は少し目を逸らしながら、ゆっくりとその口を開く。

「こんな話をすると嘘つきだと思われるかもしれませんが」

彼女はそう前置きをして、衝撃の言葉を放つ。

「実は……昔、うちのお婆ちゃんがエルフに会ったことがあるそうです」

「それは本当か!?」

「はい……お婆ちゃんは私に嘘をつくような人じゃありませんし。ただ聞いたのは一度きり。収穫祭でお酒を飲みすぎて口が軽くなった時にポロッと」

酒の勢いってやつか。

というか酔っ払いの戯れ言ではないのかそれは。

あとバタラのお婆さんっていくつなのだろう。そんなになるまで飲んで大丈夫だったのか。

「それじゃ、お婆様のその話を詳しく聞かせてくれるかな？　僕、エルフとかドワーフとか書物でしか知らない種族に興味があってね」

「わかりました。でも笑わないでくださいよ？　あと、怒らないとも約束してくれますか？」

「怒るような要素があるのか？」

「もしかしたらシアン様の持っているエルフ族のイメージを壊しちゃうかもしれませんので」

なんだか怪しい流れになってきた。

しかしここで話を聞かないという選択肢はない。

貴族だけしか使うことがない王国図書館にも、エルフやドワーフといった他種族の資料はほとんど置かれていなかったのだ。

「ああ、約束しよう。ラファムも口外無用だぞ」

「はい、坊ちゃま。お邪魔な私は耳を塞いでおきますので存分にイチャつき……会話なさってください」

どことなく棘があるような声音で答え、ラファムはそのまま後ろを向き両手で耳を塞いだ。

別に言いふらさなければ、耳まで塞がなくてもかまわないのに。

「それじゃあ、話しますね――」

バタラの祖母はその日、町の端にある畑で野菜を収穫していたそうだ。

一応この町の周りには、痩せているが畑がいくつか作られていて、その頃はオアシスや井戸の水で育てていた。

そして、ある程度日が昇った頃。

一人の女性が、ふらふらとした足取りで町の近くの丘陵から下りてきた。

「旅人……にしては軽装すぎる気がするね。それにあっちは大渓谷の方向だし」

バタラの祖母はそう思ったという。

当時から痩せた土地で、他の町や国との交易路とも離れており、特筆すべきものはオアシスしかなかったデゼルト。

そんな地に住まうのは、もともとオアシスを頼りに集まってきた人々、様々な理由で他の地から逃げてきた者、世捨て人と、かなり混沌としていたらしい。

時々やってくる客人も、大渓谷を一目見ようとする物好きな旅人か、大渓谷の向こうを目指す冒険家くらいであった。

町の人々はそんな客人たちを相手に、細々と商売をして生活していた。

なので、その時もそういう人間の一人が迷ってたどり着いたのだと彼女は思っていたらしい。

女性は丘陵を越えて、町まであと少しというところで倒れてしまった。

バタラの祖母はさすがに見殺しにすることもできず、畑に撒くための水が入った桶を持って、倒れた女性に駆け寄った。

一旦桶を置いて、水を飲ませようと抱き起こした時、女性が深々とかぶっていたフードがはらりとめくれ落ちた。

「まさか、この娘は」

フードの下から出てきたのは、今まで見たこともないくらい整った幼い少女の顔。

また、耳が人間のものとは違い長く尖っていて、一目で祖母は、この少女が噂に聞くエルフだとわかったという。

「どうしてエルフがこんなところに」

その時、祖母はかつて町の老人から聞いた話を思い出したそうだ。

大渓谷の対岸に広がる森には、エルフが住んでいるという話である。

その話を聞いた祖母は以前、エルフを見てみたいと町の若い衆を何人か引き連れて、大渓谷に向かったことがあった。

しかし大渓谷の上には濃い靄がかかって対岸も見えず、広大な森が広がっていることしかわからなかった。それでがっかりして帰ってきたという。

しかもその靄の中には、かなりの大きさの飛行魔獣が飛んでいるのが見えたらしい。

そこまで話を聞いて、僕は「ふむ」と考え込んだ。

たぶん大渓谷を渡ろうとするなら、相当な実力が必要になるだろう。

過去には名のある冒険者どころか、王国が力を入れた開発事業すら頓挫したのだ。

個人でどうこうできるとは思えないほどの魔境。

それが大渓谷である。

祖母の話が本当だとすると、エルフの少女は大渓谷を越えてきたと考えるのが自然だろう。

その少女に大渓谷を越えられるくらいの力があったのか。

あるいは、エルフ族しか知らない抜け道でもあるのかもしれない。

だがエルフが町までやってきたという話が本当なら、こちらから対岸へ渡れる可能性もゼロではない。

「ところで、そのエルフはどうして大渓谷を渡って町にやってきたんだい？」

「それなんですが、お婆ちゃんが聞いたところによると、どうやら道に迷ったらしくて……」

「エルフでも道に迷うことがあるんだ。というか道に迷って大渓谷を越えてきたって……さすがに迷いすぎなのでは」

伝説だと風の妖精シルフの導きのおかげで、エルフたちはどんな地でも迷うことなく移動できるとされている。

「それでお婆ちゃんはこっそりとエルフさんを、当時は一人暮らしだった自分の家に招き入れて、他の町人に見つからないようにしながらしばらく介抱してあげたそうです」

「どうして周りに黙ってたんだろ」

「人間と関わり合ってはいけないという掟(おきて)がエルフ族にはあるらしいのです。お婆ちゃんはもう関わってしまったので仕方がないけど、これ以上はできれば避けたいと言われたみたいで」

エルフ族が人間を避けているという話は聞いたことがあったけど、本当だったのか。

エルフ族の存在が伝説レベルになっていたのは、その少女エルフが言ったことと関係していそうだ。

人間が近づくとシルフがエルフたちにそれを伝えるから、出会うこともないと。

そんな状況で、出会うはずのなかった二人が出会ったことには、運命を感じる。

僕は心を躍らせながら話の続きを聞いていたのだが……

「そんなにエルフって酒好きだったのか」

バタラが語ったエルフの話に、思わず驚愕の声を上げた。

というのも、その行き倒れのエルフは、当時町一番の酒豪と呼ばれていたバタラの祖母と同じくらいの大酒飲みだったらしい。

エルフと酒の組み合わせは伝承にも伝えられていない貴重な話だが、毎晩二人が吐くまで飲んでいたと聞いて僕は少し顔をしかめてしまった。

高貴で高潔な種族エルフというイメージが、ガラガラと崩れていく。

そもそも道に迷って行き倒れている時点でイメージからかけ離れていたわけだが、とどめを刺された気分だ。

「シアン様の理想を壊してしまいそうで、話したくはなかったのですが」

バタラは僕の顔を見て目を伏せる。

彼女が最初に注意したのはそういうことだったのか。

「いや、バタラは悪くない。考え方を変えれば、幻想ではない本当のエルフの姿を知ることができたわけだしな。他に何かそのエルフについて聞いたことがあったら、教えてくれないか？」

「そうですね……お婆ちゃんから聞いた話では、エルフさんは風魔法じゃなくて氷魔法を使っていたと聞きました」

「氷魔法か。それも今までの僕のエルフ像とは離れてるな」

「なんでも彼女は、自分のことをハイエルフだと言っていたらしいです。だから風属性以外の魔法を使えるのだと」

ハイエルフといえば、エルフの更に上位種族である。

とは言っても、僕の持っている知識はそれだけ。他のことは何もわからない謎の存在であるのだが。

しかしシルフの加護があるというのに道に迷う上位種とは一体。

いや、待てよ。

僕はかつて図書館の奥で見つけた、妖精に関する本の内容を思い出していた。

その本には『シルフは非常に嫉妬深く、他の妖精と契約している種族と契約することはない』と書かれていた。

そのせいでエルフ族は風魔法しか使えず、特異性を高めているのだとか。

「もしかしてハイエルフは風魔法を使えないのか」

「そう言ってたらしいです。風魔法しか使えないのが普通のエルフ族で、それ以外の魔法が使える者をハイエルフと呼ぶのだと」

「単純に上位種というわけではなさそうだな」

「そうですね。私もそう思います」

自称ハイエルフは一週間ほどこの町に滞在したあと、結局迎えに来た他のエルフと共に森へ帰っていったという。

「その時にお礼として、不思議な木の実を壺一杯にもらったらしいのですが――」

「エルフが残していった木の実か。それはどうしたんだ？」

「実はほとんどお婆ちゃんがお酒のつまみにして食べちゃったそうなんです。でもエルフの話を聞いた時に私も少し分けてもらって、それだけは今も大事に持っています」

今度シアン様にプレゼントしますね、と笑う彼女に僕は「いいのかい？」と驚いて聞く。

エルフがお礼として持ってきたものだ。

もしかしたら今まで見たことがないような植物の種かもしれない。

「もちろん。私が持っていても仕方がないですし、それにシアン様なら、きっと私が思いも寄らない奇跡を起こしてくれそうだなって……」

「そんなに期待されても何も出ないぞ……いや、僕のコップからは水とかしか出ないぞ」

「その水がこの町のみんなに笑顔を取り戻してくれたんですよ」

町の中心の泉が枯れていた頃は、領民たちの笑顔は少なかったのだろう。

それが今では……

僕はバタラと話しているうちにたどり着いていた収穫祭の会場を見渡す。

まだ最終準備の途中なのか、そこかしこでみんな慌ただしく作業をしている。

だけど人々の顔には例外なく笑みが浮かんでいた。

「そうか。そうだといいな」

「そうです。シアン様はもう少し自分を誇ってもいいと思います」

「私もバタラ様と同じ意見です。特にあのお茶会は素晴らしいおもてなしでした」

突然後ろからラファムが声をかけてきた。

エルフの話が一段落したと判断して、耳を塞ぐのをやめたらしい。

彼女にとっても、自らが作り出した紅茶がたくさんの人たちを笑顔にしたことは何よりも素晴らしい思い出になっているのだろう。

「あれも全てラファムの紅茶のおかげだよ。僕はその手伝いをしたまでさ」

「坊ちゃま……」

僕の返事にラファムの表情が少しかげった気がした。

わかっている。

バタラの言うことも、ラファムの言いたいことも。

しかし僕は【コップ】を与えられた日から、自分に自信が持てずにいるのだ。

実は素晴らしい神具だとわかった今でも、心のどこかに何かが引っかかっていて、自信満々だった頃の僕にはまだ戻れそうにない。

けれど、それでいいのではないかとも思っている。

一度精神的にドン底まで落ちたからこそ、今の自分がいるのじゃないか。

だからこそ今の僕はバタラや棟梁、そして領民のみんなと対等に付き合えるようになったのじゃないかって。

あの頃の僕のままで、順風満帆に大貴族家を継いでいたら、こんな辺境の捨てられた地にはきっと見向きもしなかった。

いや、存在すら忘れてしまったはずだ。

「そんな顔しないでくれ、ラファム。僕はもう昔の僕ではないけど、今の僕も大好きなんだ」

僕は周りの、笑顔で作業をしている人たちをもう一度見回す。

「僕はこの領地が大好きだ。絶対に素晴らしい、みんなが幸せに暮らしていける場所にしてみせるよ」

「坊ちゃま」

「シアン様ならできます。いいえ、もう十分私たちは幸せにしてもらっています」

僕はラファムとバタラの顔を交互に見つめ返す。

そして可能な限りの笑顔を作り、二人の手を片方ずつ握った。

「ぼ、坊ちゃま、何を」

「きゃっ」

いつも無表情なラファムの驚いた顔を見るのは新鮮だ。

バタラに至っては顔を真っ赤に染めてうつむいてしまった。

「ここを国一番の領地にするためには、まず領民のことを知らなきゃいけないと思うんだ。だから

「今日は、みんなと共にこの収穫祭を楽しもうじゃないか」

そう宣言したあと、僕は二人の手を引いて収穫祭会場の中心へ向かって歩きだす。

収穫祭と言っても、田舎町の小さな祭りだ。

数は多くないが、準備が終わった屋台からいい匂いがあたりに漂い始めていた。

匂いに誘われてなのか、始まりの時間なのか、段々広場には町の人たちが集まってくる。

広場の中心に行くと、ルゴスの手によって立派なお立ち台が作られていた。

「ルゴス。準備はできてるかい？」

「おう坊ちゃん、さっき出来上がったぜ」

お立ち台の周りには何個もの大樽。

そして大小の机と椅子が並んで、誰でも好きなように座れる場所があった。

「さすがルゴスだな。僕が考えていたものより立派だ」

「そりゃあ坊ちゃんの一世一代の晴れ舞台だからな。気合い入れて作りましたぜ」

ルゴスとそんな会話をしたあと、僕はバタラとラファムに告げる。

「ごめん、二人共。そこの椅子にでも座って少し待っていてくれないかな」

「それはよろしいのですが……坊ちゃま、これは一体？」

「シアン様、今から何をするおつもりですか？」

不安そうな二人に僕は「色々あって忘れてたことをやっておこうと思ってね」とだけ言い、お立ち台へ向かう。

即席のわりにはしっかりした階段を上り、台の上に立って周りを見渡す。

この場所からは、収穫祭会場のほとんど全てが見渡せた。

「バタラの話だと、町の人はみんなこの祭りに参加するってことだったな」

ざっと百人以上の領民が思い思いに屋台を冷やかしたり、テーブルに着いて語り合ったりしている。

特に開催の合図もなかったが、自然と始まり自然と終わるのが流儀らしい。

しかし……これでほぼ全員の領民が集まっているのか。この町の人間の少なさを改めて感じる。

国が大渓谷の開発をしていた頃に拡張されたこともあり、町の面積はかなり広い。だが、今も住んでいる人たちはもうこれだけしかいないのか。

民の数は領地の力、生産力とも言えるわけで、それがこの程度の数しかいないというのは、まるで未来がないことを示しているようで。

その現実と予想される未来に少し打ち負かされそうになる気持ちを奮い立たせて、僕はお立ち台の上で大声を上げた。

「領民の諸君！　僕はエリモス領の新たな領主に就任したシアン＝バードライだ！」

僕がやり忘れていたこと。

それは新しい領主としての就任の挨拶である。

初っ端から魔力切れで倒れて、その後は病気の治療や砂糖作りに奔走していたせいですっかり忘れていた。

収穫祭の話を聞いた時、この機会を利用して領民に挨拶したいと思ったのだ。

「みんなの中には僕のような若者が領主と聞いて、不安に思う者もたくさんいると思う。でもここに宣言しよう。僕は、僕とみんなの力によって、この地を必ず幸せに満ちた場所に変えてみせると」

そこで一息ついて周りを見渡す。

誰も彼もが突然始まった僕の演説に驚いた顔をしてこちらを見ていた。

「そしてこの地を見放した国が、そのことを悔やむような町にすると約束しよう！」

やがて戸惑いの表情を浮かべている町民の一部から、歓声と拍手が湧きだした。

あれは大工の棟梁と弟子たちだ。

「領主様！　わたしゃアンタを信じるよ！」

別の場所からもそんな声が聞こえて目を向ける。

そこにいたのはウララ病から回復したバタラの母親。近くにいるのはあの日、薬を振る舞った人たちに違いない。

声援に力をもらい、演説を続ける。

「今日は収穫祭と聞いた。僕にとってはこの領地に来てからの初めてのお祭りだ。既に知っている者は多いと思うが、改めて今日は僕の力の一端を領民のみんなに見てもらおうと思う」

僕はスキルボードを操作し、お立ち台の下を確認する。

そこには、ルゴスが用意した蓋の開いた大樽があった。

「実家から追放される時に少し拝借してきた、貴族でも滅多に飲めない高級果実酒を、ここにいる者たちに振る舞わせてもらう」

その言葉と共に、お立ち台から突き出すように腕を伸ばしてコップを傾けると、芳醇な香りを振りまく果実酒が滝のように流れ出し、下に置かれた樽に注がれていく。

「これが僕の力。僕が女神様からこの地のために授かった【聖杯】の力だ！　さぁ、どんどん飲んでくれ。今日は無礼講だ！」

お立ち台の下では満杯になった大樽がルゴスとロハゴスによって民衆の方へ移動され、新たに空っぽの大樽が下に置かれる。

次から次へと大樽に果実酒を注いでいき、やがて全ての樽が一杯になったのを確認して僕はお立ち台を下りようとした。

だが一杯も飲んでいないのに、立ち上る果実酒の香りに少し酔ってしまったのか、階段を踏み外し――

「シアン様っ、危ないっ！」

「坊ちゃま！」

階段の下で待ち構えていた二人の美女に抱きとめられたのだった。

◇　◇　◇

宴は盛り上がった。

宴に出回る料理の中心は、町の男たちが狩ってきた魔獣の肉である。

今まで食べたことのない食材に、最初こそ少し抵抗を覚えたが、バタラに勧められて試しに食べてみた。

目をつぶりながらかぶりついた魔獣の肉は、とても美味しいものだった。

いや、正直に言おう。

僕が今まで食べたことのある肉の中で、一番美味しいと言っていい。

塩で軽く味付けして焼いただけのシンプルな串焼きですら、ついおかわりをしてしまいそうになった。

バタラに止められなければ何個も食べて、串焼きの屋台だけでお腹一杯になっていたかもしれない。

「シアン様。一つのお店だけじゃなく色々なお店を回った方が楽しめますよ」

「そ、そうだな。だがもう一個くらい、いいんじゃないか？」

「だめです。材料には限りがあるから、同じ店の料理を独り占めにするのはよくないんですよ」

そうだった。

祭りとは言っても、貴重な食材であることに変わりはない。

今回はいつもより数多く魔獣を狩ってきたとは聞いているが、むやみやたらに食い尽くしていいわけではないのだ。

そしてバタラに連れられて会場を巡ることになったのだが、結論から言えば彼女の意見は正しかった。

屋台ごとに色々な魔獣の色々な部位を、様々な方法で調理している。

そのどれもこれもが我が家の天才料理人ポーヴァルの料理に匹敵する味で、僕は口にするたびに目を丸くする。

ちなみに、魔獣肉の研究も兼ねて収穫祭に手伝いで出向いていたポーヴァルは、そのことに最初こそショックを受けて落ち込んだが、素晴らしい『魔獣』という食材を前にしていつまでも悩んでいるわけにはいかないと一念発起(ほっき)し、その後様々なレシピを考案。

のちにこの町の名物と呼ばれる料理の数々を生み出すことになる。

だが、それはまだちょっと先の話。

さて、僕は屋台を歩きながらバタラに尋ねる。

「それにしても魔獣肉ばかりであまり野菜とかはないんだな」

「野菜はこの地では魔獣肉よりも貴重品ですから。収穫祭でもそれほど出せないんです」

確かに、町の周辺ならまだ畑作も可能だろうが、少し離れればほとんど枯れ果てた土地しかない。

限られた場所でしか栽培できないことを考えると、現状は狩りで確実に手に入れられる魔獣肉よりも野菜はよほど貴重だ。

それもなんとかしないといけないな。

僕のコップがあるから、水の問題は解決できるが、土地が痩せきっているのはどうしようもない。

「今度メディア先生とエンティア先生に相談してみるか」

あの二人の知識量は僕なんかより遥かに多いしね。

収穫祭を回りながら、僕は町に今何が必要なのかを考えていた。

もちろんバタラたちと祭りを楽しんでもいたが、先ほど領主としてあれだけのことを宣言した以上、ただ楽しむだけではいけない。

「坊ちゃん！」

あらかた屋台を冷やかし終え、中央のお立ち台付近に来ると、ルゴスが僕を見つけて呼びかけてきた。

ちなみにお立ち台はあのあと誰でも自由に上れるようにしたところ、領民が次々と上ってはそれぞれの夢を宣言するということを始め、高級果実酒を飲んで酔っ払った人たちによって有効活用されている。

「坊ちゃん、いいところに。もう果実酒がなくなりそうなんで、追加をお願いしてもいいですかね」

「ああ、かまわないよ」

「とりあえず大樽二つくらいでお願いします。さすがにそれ以上はもう必要ないとは思うんでね」

ルゴスは領民たちの方を見ながら言った。

視線を追ってお立ち台の周りに作られたテーブル席に目を向けると、かなりの人々が既に酔い潰れて机に突っ伏している。

それでも酒に強い一部の人たちは未だに魔獣肉を肴に果実酒を飲んでいた。たぶん彼らの分が足りないのだろう。

「それと、こっちの樽にはあの目が覚めるお茶をお願いできますかね？　悪酔いしてる奴らに飲ませたいんで」

「なるほど、【モーニングティー】か。確かにあれは酔い覚ましにもなりそうだね」

ルゴスの指示に従って、どんどん果実酒と【モーニングティー】を樽の中一杯に入れる。

今日はかなりの量の魔力をコップに注いだはずだ。

いつもなら、そろそろ魔力切れの予兆を感じてもおかしくない程度には。

「シアン様、大丈夫ですか？」

バタラが心配そうな顔でそう問いかけてくる。

たぶん僕が魔力切れを起こさないかと心配してくれているのだろう。

前回は彼女の目の前で倒れてしまったから、もしかしたらトラウマになっているのかもしれないな。

「心配してくれてありがとう。でも大丈夫だから安心してくれ」

不思議と今はまったく魔力切れの気配を感じない。

むしろどんどん体の中から魔力があふれてきて飽和しそうな感覚すらある。

もしかしたら祭りの雰囲気に呑まれて、高揚感をそう勘違いしているだけかもしれないが、さすがに魔力切れしそうかどうかくらいはわかる。

「もうあんな無茶はしない。約束する」

最後の樽をモーニングティーで一杯にしてから振り返り、僕はバタラに微笑みかけた。

「そういえばバタラ。君はお酒は飲まないのか？」

今日一緒に屋台を巡っていて少し不思議に思ったのは、彼女が一切酒類に手を出していないということだ。

この町では、彼女くらいの歳になればみんな普通にお酒を飲んでいる。

主に飲まれているのは、この町で独自に作っているお酒なのだそうで。

町の近くに生えている植物を材料にしているらしいが、僕は未だに飲んだことはない。

「確かお婆様はかなりの酒豪だったはずだよね？　遺伝してそうなものだけど」

「それはですね……」

「もしかして遠慮しているのか？　それとも僕を案内するために我慢しているとか？」

確かに案内人が酔っ払っていてはいけないと思うのもわかる。

けれど今日はせっかく、貴族であってもそうそう飲めない幻の果実酒を持ってきたのだ。

彼女にも是非飲んでもらいたいと僕は思っていた。

「ラファム、僕とバタラと君の分の果実酒を持ってきてくれ」

「私の分もですか？」

「ああ、かまわないだろ」

ラファムは最初こそ自分は護衛任務中だからと断ってきたが、一杯程度いいだろうと説き伏せると渋々といった表情で樽の方に向かっていった。

しかしチラリと見えた横顔に、少しだけ笑みが浮かんでいたのを僕は見逃さなかった。

少しして、ラファムがジョッキを三つ持ってくる。

「それじゃ遅くなったけど、僕の就任祝いと領地の発展を願って」

ジョッキを高々と掲げて声を上げると、周りで飲んでいた人々も同じようにジョッキを掲げる。

ラファムとバタラも同じようにしていた。

自分で自分の就任祝いって口にするのは少し気恥ずかしくもあったが、そこは目をつぶって。

「乾杯っ！」

その言葉と同時に、会場中で一斉にジョッキ同士が打ち鳴らされる音と人々の「乾杯」の声が響き渡る。

ジョッキをあおる人々の顔は、誰も彼も笑顔に満ちていて、この地の未来は明るいと僕に信じさせてくれた。

この光景を僕は一生忘れないだろう。

笑顔に満ちた民たちの姿を肴に、僕は一気にジョッキの中の果実酒を喉に流し込み——

次の瞬間、頭の中にいつしか聞いたことのある無機質な女神様の声色が響き渡る。

『条件を満たしました。【聖杯】の力が一部開放されます』

「……ん？」

これはスキルツリーが開放された時と同じだ。

僕は周囲の喧噪（けんそう）から少し離れた物陰に移動して、スキルボードを開く。

「特に何か変わったところはないみたいだけど……」

不思議に思い、とりあえず最初に表示されている【水】の文字に指を伸ばしてみた。

今までなら灰色になっている文字が白くうっすらと輝いて、コップから水を出せるようになるはずだったのだが。

「ん？　なんだこれ。【水】の文字の横に何か記号が追加されてる」

円の中にある【水】の横に、『十』と書かれた記号が張り付くように表示されている。

しかも、いかにも意味ありげにゆっくりと点滅していた。

「もしかしてこれを押せばいいのかな？」

恐る恐る『＋』に指先を移動させ、押してみる。

するとスキルボードの前に重なるように、もう一つ小さなボードが表示されたのだ。

「なんだこれ……って、何か書いてあるぞ」

スキルボードよりもかなり小さい、四角い表示板。

そこには『民の幸福ポイントを50消費して【おいしい水】への品質改良を行いますか？　はい・いいえ』という文字が表示されていた。

どうやら『はい』を選べば【水】が【おいしい水】になるらしい。

微妙だ……

「内容から推測すると、新しく解放された【聖杯】の力ってのはこの『品質改良』ってやつなんだろうけど、幸福ポイントってなんだ？」

僕は一旦『いいえ』を選択して画面を閉じ、もう一度スキルボードに目を凝らし隅々まで確認する。

すると、見つけた。

スキルボードの一番下あたりに、凝視しないと見えないほどの小さな文字でそれは存在した。

「どうしてこんなわかりにくい場所に、小さく書いてあるんだよ。気がつかないよ、普通」

とにもかくにも、そこには『民の幸福ポイント：２５６』という文字が確認できた。

「名前からして、僕が領民を幸せにするともらえるポイントってことかな？　そしてそれを消費することでコップから出すものの改良ができると」

なんだか使うと領民の幸せが消費されてしまいそうで怖い名前だが、大丈夫だろうか。

使った瞬間にみんなの顔から笑顔が消えたらと思うと、使用を躊躇してしまう。

「しかし女神様から民を助けるためにもらった神具なのに、悪い効果が出るとも思えないんだよなぁ」

しばらく悩んだあと、【水】以外も見てみることにする。

結果、登録されている液体によって、品質改良に必要な『幸福ポイント』の数値が違うことがわかった。

もともと高品質なものは必要ポイントが多くなる仕様のようで、ラファムの紅茶やモーニングティーは１０００ポイントも必要らしい。

品質改良した際にできるものはそれぞれ【至高の紅茶】と【アウェイクティー】という名称だが、どんなものなのかは予想できない。

「砂糖水飴の品質改良は３００ポイント必要なのか」

もしかしたら砂糖水飴を品質改良すると『粉砂糖』が作れるようになったりするかもしれない。

そう思いつつ『＋』を押してみたが、さすがにそれは無理だった。

液体以外を出せないのは変わらないらしく、品質改良しても水飴の純度が上がるだけのようだ。

ただ砂糖水飴は、純度が上がれば上がるほど劣化や腐敗がしなくなると聞いたので、一考の余地はある。

「さて、とりあえず一通り見たけど……今必要なものって特にはないんだよな。お酒もお茶も既にかなりいいものだし」

選ぶとするなら砂糖水飴の品質改良が一番よさげではある。

だけれどそれを行うには『幸福ポイント』が足りない。

「でもこの品質改良の効果はどんなものか、少し試してみたいんだよな」

スキルボードを眺めつつしばらく考え、結局一番消費が少ない【水】の品質改良を行ってみることに決めて『＋』を押す。

『民の幸福ポイントを50消費して【おいしい水】への品質改良を行いますか？　はい・いいえ』

画面が表示されたのを確認して、今度は『はい』を押す。

一瞬スキルボードが明るく輝いたかと思うと、【水】の文字が【おいしい水】に切り替わった。

そして目を凝らさないと見えない『民の幸福ポイント』の数字が、きっちりと50減って『２０６』になっているのを確認する。

「さてと、これで飲んでみてあまり味が変わらなかったら、がっかりってレベルじゃないな」

僕はコップに魔力を流し込みながらゆっくりと口を近づけ飲んでみた。

瞬間、目をカッと見開いて思わず声を上げてしまう。

「美味いっ！　なんだこれ、本当にこれが水なのか!?」

常温のぬるい水だというのに、喉を通れば清涼感を抱かせ、ほのかな甘味すら感じる。

それでいて結局は水なので、あとに残ることもない。

ごくごくごくごく。

あまりの美味しさに、コップの中に作り出した分を一気に飲み干した。

そして空っぽになったコップを見ながら、もう少し飲もうかと思う心を精神力で押し止める。

「さすが女神様からもらった神具の力……と言ったらいいのか。使い方を誤ると危険すぎるな、これは」

僕は一旦手に持ったコップを仕舞うと、祭りで騒ぐ人たちの方に目を向ける。

どの顔も先ほど一緒に騒いでいた時と変わらない笑顔のままで、何も変化はなさそうだ。

「やっぱりこのポイントを使っても表示されてる数字が減るだけで、実際の民に影響が出るわけではないみたいだな」

心底ほっとしつつ、それならと今後の『品質改良』の力の使い方を考える。

と言っても今はまだ『幸福ポイント』を貯めないと何もできそうにない。

「とりあえずこのことは一旦保留にして、そろそろ宴の席に戻るとするか。バタラたちが僕のことを探してるようだし」

たった今人々の様子を確認した時、僕がいなくなっているのに気がついたのか、バタラとラファムが周りをキョロキョロ見回しているのが目に入ったのだ。

特に僕の護衛としてついてきたはずのラファムはかなり焦っているに違いない。

悪いことをしてしまったな。

ちょっぴり反省しつつ、僕は彼女たちのもとへ急いで戻っていくのであった。

収穫祭から数日経った頃、領主館にやってきたバタラから、三日後に行商人一家がやってくるとの連絡をもらった。

どうやってそんなことがわかるのかと聞くと、伝書バードと呼ばれる鳥を使って行商人と連絡を取っているらしい。

伝書バードは頭がいい鳥ではないが、とてつもなく強い帰巣本能を持つ。

それを利用して色々なところで伝達手段として使われているが、まさかバタラたちも使っているとは思わなかった。

基本的に巣を作った場所に向けて飛ぶだけなので、往復に同じ伝書バードは使えない。

そのために今回飛んできた伝書バードは、行商人がまた持ち帰ることになる。

逆にこちらから行商人のもとへ飛ばした伝書バードは、町に行商人が来る時に連れてくるという形になる。驚くべきことに、行商人が巣を持って移動しても、伝書バードは必ず見つけ出すのだ。せっかく作ったというか、無理やり作らされた自分の巣に伝書バードが落ち着ける時間はそれほど長くない。少し可哀想にも思えるが、他にいい伝達手段が発明されるまでは我慢してもらうしかないのが現実だ。

「しかしバタラがあれほどお酒に弱いとは思わなかったよ」

わざわざ来てくれたバタラをそのまま帰すのは忍びなく、僕はルゴスと大工たちによって綺麗に修復された応接室に招いていた。

応接室には真新しいソファーと机。

壁には地下の倉庫から見つかった絵画が飾られ、領主館の応接室としてかろうじて問題ない状態となっていた。

大貴族家の応接室ほどきらびやかではないが、適度に質素なこの空間を僕は好ましく思っている。

「昔からそうなんです。お婆ちゃんや両親と違って、なぜか私だけ少しのお酒で酔ってしまって」

先ほどの僕の言葉に、バタラは恥ずかしそうに言った。

◇　◇　◇

収穫祭の日、バタラたちのもとに戻った僕は彼女たちを心配させたことを謝罪したあと、祭りの環に加わって一緒に秘蔵の果実酒を飲んだ。

最初はかなり怒っていたラファムも酔いが回るにつれそのことを忘れたかのように、いつもの無表情はどこへ行ったのか、かなりへらへらとした笑みを浮かべながら僕に絡んできた。

まさかの絡み酒である。

実家で姉上や同僚のメイドたちに気味悪がられたことをずっと気にしていたらしく、しばらく僕は彼女の愚痴の聞き役に徹していた。

こういう時に吐き出させてあげないと、ストレスが心の中に溜まってしまっていつか爆発する、と昔師匠から教わったことがある。

僕は上司の役割として、そして彼女の家族として真剣な顔を取り繕いながら相槌を打つ機械と化していた。

バタラはと言うと、コップ二杯目に口をつけたくらいで目つきが怪しくなって、僕の横でふらふらと視線をさまよわせていた。

もともと褐色肌なのと、日が落ちて暗くなってきていたので顔色はよくわからなかったが、きっと真っ赤になっていたと思う。

「大丈夫か？」

「何がれすか？」

僕が聞いたら、既にろれつも回らなくなっていた。

この国では十二歳にもなれば果実酒の一杯も飲めて当たり前である。

僕と大して年齢は変わらないはずのバタラが、まさかコップ二杯も飲まないうちにこれほど酔うとは予想外だった。

「とりあえず水でも飲むといい」

僕は絡んでくるラファムを手で押さえながら、【水】を空いているジョッキに注いで彼女に手渡した。

「ありふぁとうございましゅぅ」

差し出したジョッキを両手で嬉しそうに受け取ったバタラは、その水を一気に飲んだ。

そして次の瞬間、目をまん丸にして僕に急に詰め寄ると――

「し、シアンしゃま！　この水すっごく美味しいでしゅ!!　おかわりもらってもいいでしゅかあ」

突然のことに僕と、僕に抱きついてきていたラファムは少し驚いた顔をしてバタラを見る。

何事かと思ったが、その時僕は彼女の反応の原因に思い当たり、酔いが一気に冷めてしまった。

そう、僕は普通に【水】を注いだつもりだったのだが、先ほどスキルボードを操作してからそのままにしてあったせいで【おいしい水】を注いでしまっていたのだ。

「ねぇねぇ、シアンさまぁ。もう一杯だけでいいからぁ」

バタラが僕に抱きつくようにコップを差し出してくる。

反対側からはラファムもくっつく。

二人を無理やり引きはがすわけにもいかず、僕は周りに助けを求めて視線をさまよわせた。

けれど、周りの人々は助けるどころか――

「おぅ、領主様はモテモテだな」

「両手に花とはこのことだね」

「さすが領主様だ。俺もあやかりてぇ」

「ああ、ラファムさんに僕も抱きつかれたい」

そんな風に囃し立て始めたのである。

いや、最後の一人は少し違う気もするが。

それから僕は二人の美女に絡まれ続け、様子を見に来たバトレルたちの手により救い出されるまで、嬉しいような辛いような、なんとも言えない時間を過ごす羽目になったのだった。

◇　◇　◇

「ですから、あの時の私は本当の私じゃなくてですね」

「ああ、わかってるよ。これからはバタラにお酒は飲ませないようにするさ」

僕は必死に言い訳をする彼女に笑いかけながら、ラファムが淹れてくれたばかりのいつもの紅茶に口をつける。

やはり本物のラファムのお茶は格別だ。

コップに取り込んだ紅茶を『品質改良』したとしても、これより美味しくなるとは思えない。

「それにしても、酔っていて記憶が曖昧なのですけれど」

バタラも同じ紅茶を口にしながら続ける。

「あの時、なんだかとても美味しい飲み物を飲んだ気がするんです」

「果実酒のことじゃないのか？　あれは貴族でもなかなか飲めない最高級品だからな」

その最高級品を、領民は浴びるほど飲んでいたわけだが。

「うーん、果実酒の味は酔う前だったのではっきりと覚えています。でも私が覚えている味とは違っていて……そういえば、酔ったあとに何かシアン様からいただいたような――」

僕は平静を装いつつ、彼女の話をほんの少し頬を引きつらせながら聞いていた。

彼女には本当のことを話した方がいいのだろうか。

確かにあの水はとんでもなく美味しくて、もう一度飲みたくなる気持ちもわかる。

初めて口にした時の僕も同じだった。

そして同時に思ったのだ。

これはもしかして、麻薬のようなものなのではないかと。

しかしそれは杞憂に終わった。

次の日には【おいしい水】を飲んだという記憶は残ったものの、僕にもバタラにも、禁断症状らしき反応は出てこなかったのである。

　常飲すればもしかしたら違うかもしれないが、さすがに女神様から与えられた神具にそんな危険な力が備わっているとは思えない。

　思いたくない。

　とりあえず、はっきりしたことがわかるまではバタラには秘密にしておくことにしている。

「シアン様？」

「あ、ああ。で、なんの話だっけ？　あ、行商人の一家の話だったよね」

「違いますっ」

　我ながら下手なごまかし方だなと苦笑いしつつ、そっぽを向いて拗ねたバタラにポーヴァルからもらった新作の菓子を差し出して機嫌を取り、彼女から行商人についての話を聞くことにした。

「その行商人一家というのはどういう人たちなんだい？」

「行商人のタージェルさんはもともとこの町の住人だったんです」

「ほう」

　行商人タージェル。

　彼は王国がこの町に領主を置いていた頃、商人になるため大商家へ一人で修業に出たのだという。

　元来真面目な性格で、一生懸命働いていた彼は大商家でめきめきと頭角を現して出世していった。

　だがある時、その真面目さが仇となる事件が起きる。

それを、バタラは説明してくれた。

「同じ時期に大商家に入って、一緒に切磋琢磨してきた同僚が、商品の横流しで私腹を肥やしていることを知ってしまったんです」

「その悪事を真面目な彼は見逃せなかった……と言ったところかな」

「必死に同僚を説得して一緒に謝りに行こうとしたらしいのですが、裏切られてしまい、最終的にタージェルさんが全ての罪を着せられて商家を追い出されることになってしまったんです」

一度はタージェルに「罪を償う」と言いつつ、結局は裏で繋がっていたもう一人の共犯者である上司と共に彼を嵌め追放した。

そのことを知ったのはタージェルが大商家を追い出されたあとだったそうだ。

だが、彼はそこで挫けなかった。

いつかその同僚と大商家を見返してやるという思いを力に、彼は故郷近くの町で一人商売を始め、そして今、行商人としての基盤を築き上げるまでに至った。近々、自分の店を開けそうだと語っていたらしい。

「凄い人だな。よく折れなかったね」

「はい。タージェルさんがいなかったら、この町はとっくになくなっていたかもしれませんし」

「彼の一家以外に、この町にやってくる行商人は今はもういないんだったか」

「ええ、昔は定期的に回ってきてくれる他の方もいらっしゃったそうですが、どのお店も跡継ぎの代になると足が遠のいてしまったみたいで」

ふむ。

思っていた通り、この町が深刻な事態に陥って(おちい)いることは再確認できた。

しかし、むしろ今取り引きをしているのが、町をよく知るタージェル一家なのは好都合ともいえるのではないか。

「決めた」

「はい？」

「僕はタージェルさんを、大商家に負けないくらいの大きなお店の主人にしてみせるよ」

驚きの表情を浮かべるバタラに、ニヤリと少し悪そうな笑みを送って僕は立ち上がる。

「さて、そのために今から準備を始めようじゃないか」

◇　◇　◇

「というわけで先生の知恵を拝借しに来たんですが……この惨状は一体」

領主館の地下。

完全にメディア先生の研究室となってしまった部屋に、僕は来ていた。

行商人との取り引きに使えないかと、密か(ひそ)にメディア先生と研究していたあるものの進捗(しんちょく)を聞きにやってきたのだが。

地下室の扉を開いた途端、目に飛び込んできた光景に、僕は言葉を失って茫然自失とした。

部屋中を埋め尽くす蔦、蔦、蔦。

微かに漏れている明かりに浮かび上がったその状況は、緑の暴力とでも言えばいいだろうか。

しかも蔦は、微妙にうねうね動いているのだ。

蔦というより、触手という方が正しいかもしれない。

そんな状態の部屋の中で、メディア先生は一体どうなっているのだろう。

バトレルに事前に確認したので、今日も朝から研究室にこもりっきりなのは間違いない。今も中にいるはずだが。

というか基本的にメディア先生は、食事と風呂とトイレと怪我人が出た時以外で地下室から出てくることはないんだよね。

「メディア先生ぇ！　無事なら返事してくださいっ!!」

部屋の中に向かって大声で叫んでみる。

返事がなかったら、この怪しい蔦の群れを強行突破するしかない。

すると。

「そんな大きな声を出さないでくれるかい。この子たちが怯えるだろ」

「ああ、無事なんですね。よかった」

一安心しつつも、「この子たち」という言葉に少し引っかかりを覚えた。

もしかして蔦のことを指しているのだろうか？　それとも、奥には他にも何かいたりするのか。

「君たち、ちょっと道を空けるさね」

メディア先生の声が部屋の奥から聞こえてくると同時に、目の前の蔦たちが一斉にうごめき始める。

「うわっ」

僕は慌てて部屋の外に一歩出て、いつでも逃げられる準備をしながら蔦の動きを見ていた。

蔦たちは徐々に部屋の端っこの方に移動していき、やがて真ん中にぽっかりと人二人分くらいが通れるトンネルを作り出す。

「いい子だね」

トンネルの奥から白衣の女性、メディア先生が蔦の壁を撫でながら歩いてきた。

その様子を見る限り、どうやら本当にこれらの蔦が彼女の言う「この子たち」で間違いなさそうだ。

しかしそれはそれで、この植物の正体が気になる。

「メディア先生、この蔦は一体なんなんですか？」

「この子たちかい？　そうさね……」

彼女は少し顎に手を当てて考え込んだあと、とんでもない言葉を口にする。

「いわばこの子たちは、あたしと坊ちゃんの子供さね」

「子供⁉　いやいや、僕とメディア先生はそういう間柄じゃありませんよね？」

「何、顔を真っ赤にして焦ってんだい。たとえに決まってるさね」

あきれたように肩をすくめてみせるメディア先生だったが、その顔には隠しきれていない「してやったり感」が浮かんで見える。

からかわれたと気がついて、一言文句を言おうと思ったが、その前に彼女は後ろを向いてしまう。

そして「ついておいで」と肩越しに手まねきしながら、部屋の奥に向かっていった。

「あっ、ちょっと待ってくださいよ」

慌てて彼女のあとを追って奥に向かう。

うごめく蔦のトンネルを潜（くぐ）るのは少し緊張したが、別段襲ってくるような気配はなさそうだ。

トンネルの先に作られた小さな空間にたどり着く。

そこに置かれた机の上には、一つの大きな植木鉢が設置されていて……

「これを見るさね」

「これってもしかして」

鉢から三本の蔦が、トンネルの方に伸びている。

信じられないことに、この部屋を埋め尽くす怪しい蔦植物は、こんな小さな植木鉢から生えているらしい。

「どうだい？　驚いたろ」

「驚いたというか、一体これはなんなんですか。トンネルを作った蔦の量から考えて、この程度の大きさしかない植木鉢から生えてる時点で意味不明です」

「どういう仕組みなのかは、まだこれから研究が必要なんだがね」

メディア先生は机の下から箱を一つ取り出し、蓋を開けた。

その箱は魔法によって中のものを冷やして保存することが可能な魔道具で、メディア先生の私物である。

そこには三つの瓶が収められていた。

中身は先の収穫祭の時に領民から僕が買い取っておいた魔獣の血である。ちょっと気になったことを調べてもらうために、先生に渡しておいたのだ。

ちなみに、肉や皮や骨も必要なだけ買い取った。今は先日の収穫祭の料理に対抗心を燃やしたポーヴァルが、それを使って一生懸命新しい料理を開発中である。

「その血を調べたんだがね。坊ちゃんが考えた通りだったさね」

「やっぱり」

「ああ、魔獣の血肉には魔力を回復する力があるさよ」

収穫祭の時。

僕はかなりたくさんの魔力を使って、大量の飲み物をコップから出していた。

いくら僕の魔力量が普通の貴族連中より多いとは言っても、少しくらい魔力切れの兆候があっても不思議ではなかったのだが、あの日はまったく感じなかったのだ。

それを不思議に思った僕は、ラファムとバタラに絡まれながら色々な可能性を考えていた。

そして行き着いたのが、初めて食べた魔獣の肉と、魔獣の血が混じった飲み物のことだった。

バタラや町の人たちに話を聞くと、魔獣の血は滋養強壮の効果があり二日酔いにもよく効くので、収穫祭で振る舞われる飲み物には少しずつ魔獣の血が混ぜられているのだそうな。

ただ血は肉と違って、そのままだと保存できる期間が短いのと、入手量がそもそも少ないので、収穫祭の日くらいにしか振る舞われないとのこと。

僕は「もしや」と思い、バタラに仲介を頼んで猟師たちから魔獣の血を譲ってもらい、メディアに研究してもらうことにしたのだ。

「では、僕が一緒に渡したアレと同じものは作れると思いますか？」

「それについては調べてみてわかったことがあるさね」

メディア先生は机の脇に置いてあった薬瓶を僕の目の前に置く。

それは僕が、今回の研究のために彼女に手渡した液体だ。

過去に大量に作られたものの、今では滅多に手に入らない貴重な薬。

「この魔力回復ポーションと魔獣の血には共通点が一杯あったさよ。つまり……」

「魔力回復ポーションは魔獣の血を材料にして作られたということですか」

「その可能性が高いさね」

かつてはそれなりの数が流通していたらしい、魔力回復ポーション。

それが今では高い輸送料を払って国外から輸入しなければ入手できない。

原因は、そう。この国でかつて行われた魔獣の大討伐だ。

それにより魔獣の血を手に入れることが困難になったせいで、一般の流通が途絶えたのだと推測できる。

今まで僕は、あの大討伐は民を守るための国策として行われたものだと信じていたし、歴史の書物にもそう書かれている。

だから裏の可能性に気がつかなかったのだ。

「もしかすると、大討伐は国が魔獣の血を集めるために計画したのではないでしょうか？　つまり、魔力回復ポーションを大量に作るために行われたかもしれない……？」

「そうかもしれないけど、そうじゃないかもしれないさね。決めつけはよくないさよ」

確かに今僕の口にした仮説は想像に過ぎない。

もしかすると、本当に民のために危険な魔獣を一斉討伐しただけかもしれない。

それに大量の魔力回復ポーションが必要になるような事態が、大討伐のあとにあったなんて話は、聞いたことがない。

他国との戦争などがあれば話は違ってくるだろうが、それは建国当時の小競り合いくらいしかなかったはずだ。

「ちょっと貴族と王族に対して私怨がまじってたかもな。そんなことじゃ目が曇ってしまって大事なことを見落としかねない。メディア先生、気づかせてくれてありがとうございます」

「お礼を言われるほどのことでもないさよ。実際坊ちゃんの想像した通りかもしれないしね」

この領地に今必要なのは、王国の眉唾な裏事情ではない。

そんなことよりも魔力回復ポーション作製に注力すべきだ。

僕は一度だけ頭を振って気持ちを切り替えると、本来の目的のためにメディア先生との話を再開する。

「タージェルさんが来るまでに、まずはこっちの準備を急がないと」

魔獣がほとんどいなくなってしまった今、魔力回復ポーションはかなり貴重なものだ。

つまり領地にとって、ポーションは貴重な収入源になる可能性を秘めている。

何より魔力回復ポーションのいいところは、僕のコップの力がなくても、この町で作り続けられることだ。

精製設備は必要になるだろうが、それさえ整えてしまえばあとは僕が何もしなくても、領地の収入源にできる。コップに頼らない産業を生み出すことこそが、この町の将来にとって重要なのだ。

遺跡の魔獣たちは、一度狩ってもしばらくすれば増えて元の数まで戻るという謎の生態を持っているらしい。大討伐のように根こそぎ潰すことさえしなければ、貴重な『資源』としてずっと使えるはずだ。

　とはいえ魔獣という存在については、今残る資料を読み込んでも謎が多い生き物なので、この先突然いなくなる可能性もあるわけだが。

「問題は流通経路からこの町のことがバレると、面倒な事態になりかねないってことか」

「そこは坊ちゃんがなんとかするしかないのじゃないかね」

「とりあえず、少量を流通させて様子を見てみるかな」

　今、魔力回復ポーションはほぼ輸入に頼るしかなく、コストがかかりすぎるため高値で取り引きされている。

　それをタージェルが安価で仕入れ販売できるとなれば、近々開くという彼の店を大きくする資金源になるはずだ。

　あとはその利益に群がってくるであろう人たちと、妨害してきそうな他の商会や貴族をどう抑えるか。

　そこは僕の仕事だろう。

「それじゃあメディア先生、魔獣の血から魔力回復ポーションを作り出す研究を引き続きお願いします」

「ああ、それについてはもう目処（めど）はついてるからすぐにでも始められるさよ。ただ、もう一つの効果については……」

彼女が続きを口にしようとした時、その肩に一本の蔦が伸びてきて「ちょんちょんっ」と突っつきだした。

「はいはい、ご飯の時間だね」

「ご飯？」

「実は坊ちゃんに本当に報告したかったのは、魔力回復ポーションのことじゃなくてこっちさね」

なんのことだろうと言葉の続きを待っていると、メディア先生は何も言わずおもむろにケースから魔獣の血の入った瓶を一つ抜き出す。

「まさか」

「そのまさかさね」

メディア先生は瓶の栓を引き抜き、植木鉢の上で傾け始める。

そんなことをすれば当然、瓶の中から魔獣の血が植木鉢にぽたり、ぽたりと数滴落ちて……がさがさがさっ。

次の瞬間、蔦植物が嬉しそうに揺れだした。

「わかったかい？」

「もしかしてこの蔦植物って……魔獣の血を与えたせいでこうなったのか」

「正確には魔獣の血の成分を混ぜた肥料さね。植物にどんな影響があるのかを調べるために使ってみたら、急成長してしまったんさよ」

彼女はもう一本の瓶を机の下から取り出して、僕に手渡しながら答える。

その瓶の中には魔獣の血ではなく、少し濁った液体が入っていた。

「これがその肥料？」

「この部屋に残っていた資料を基に色々作ってみたけど、どれもこれも微妙でね。だから試しに魔獣の血を混ぜてみたさね」

なぜ混ぜようと思ったのかと彼女に問えば、魔獣の血肉による回復力の増強が、植物にも効くのかを研究したかったらしい。

そもそもこの研究室は、先代の領主が研究者を雇って、この地でも育つ植物を開発しようとして作られたものである。

メディア先生が色々家捜しした結果、まだ生きている種や、使える様々な機材。

そして前任の研究者が書いたらしい書物も残されていた。

そんなものが残っていたのも、地下室だったのと気候的に湿気が少なかったおかげだろう。

「でもこんな植物は見たことも聞いたこともないんですけど」

「奇遇だね。あたしもないさね」

真顔で言われても困る。

「というか最初は普通の植物だったんだけどね」

「最初はって」

「うん、まぁ。思ったより魔獣の血を混ぜた肥料が効果あったものでね」

メディア先生は少しばつが悪そうな顔で「つい魔獣の血をそのまま与えてみたらこのざまさ」と植木鉢を指さした。

「最初はびっくりして除草剤をぶっかけようかと思ったんだけどね。どうやら意思の疎通ができることがわかったんさよ」

「確かにさっき、メディア先生の言葉で道を作ってましたね」

「それで色々と調べているうちに愛着が湧いてきちまってねぇ。どうしたもんかねこれは」

そんな話をしていたら、メディア先生の側に一本の蔦が伸びてきたかと思うと、甘えるように彼女の手に巻き付く。

「人を襲うようなことはないんですか？」

「今のところそんな気配はないね。そもそも蔦だから、巻き付く以上のことはできないみたいさね」

確かに見ている限り攻撃性はなさそうだけれど。

魔獣の血で育った植物……名付けて魔植物か。

この先どんな恐ろしい進化をするかわかったものではないが……

「坊ちゃん、もし危ないと思ったら除草剤を使うから、しばらくはこのまま研究を続けさせてもらえないかい？」

愛おしそうに蔦を撫でる彼女に懇願され、僕は頷く以外の選択肢を持たなかった。

「わかりました。その代わりもし何か危ないようなら……」

「わかってる、ありがとうな、坊ちゃん。やっぱり坊ちゃんは優しい人さね」

「やめてくださいよ。ただ、魔植物の研究よりまずは魔力回復ポーションの研究の方をお願いしますね」

「ああ、わかってるよ。あとでルゴスに、この部屋まで来るように伝えておいてくれないかい？」

ルゴスに精製設備の作製を頼むのだろう。

「ルゴスが驚かないように一応魔植物のことは話しておきますね」

「さっきの坊ちゃんみたいに叫ばれたら敵わないからね」

「そりゃ誰だって部屋の中があんな状態だったら大声を出すに決まってるでしょ。あとその魔植物は僕が許可するまで絶対に外に出さないでくださいね」

僕は最後にそう言い残して研究室から出ると、ルゴスに声をかけて地下に向かう彼の背を見送った。

それから少しして、遠くからルゴスの悲鳴が聞こえてきた時、魔植物のことを伝え忘れていたことに気がついた。

「あとで謝っておかなくちゃな」

◇　◇　◇

数日後。

バタラから聞いた通りの日にやってきたタージェルは、町でのいつもの取り引きを家族に任せ、一人で領主館に挨拶に来た。

「お初にお目にかかります。私、この町と交易をさせていただいております、タージェルと申す商人でございます」

「町の人から話は聞かせてもらっているよ。あなたのおかげでこの町は今でも存続できているとね」

「いえいえ、ここは私の生まれ故郷ですから。それに無理をして行商を行っているわけではございません。きちんと利益が出る商売として取り引きをさせていただいていますよ」

バタラからタージェルの年齢は三十代後半くらいだと聞いていたが、彼の所作からはもっと老成したものを感じる。

僕から出向いてもよかったのだが、バトレルに「それでは逆に相手方が恐縮してしまいます」と説得され、領主らしく館で待つことにしたのだが。

貴族っぽいことをするのはあまりに久々だったせいで、微妙に物言いがたどたどしくなっている気がする。

「私もすでに、町の者から話は聞かせていただいております。就任早々、この町の水不足問題をあっという間に解決なされたとか」

「運がよかっただけさ。僕が女神様より授かった力が、偶然この町の問題を解決するのに合致してね」

僕がそう口にしながらコップを出現させると、タージェルは身を乗り出してそれをマジマジと見つめる。

「一見すると普通の陶器製のコップにしか見えませんが、これが噂の【聖杯】でございますか」

「神々しさのかけらもなくてがっかりしたかな？」

「いえ、それは……」

図星だったのだろう。

タージェルは答えにくそうに口ごもった。

少々意地悪が過ぎたようだ。

「ごめんごめん。別に素直に言ってもらってかまわないよ。僕もずっとそう思っていたからね」

僕は軽く笑いながら、机の上に置いてあったティーカップにいつもの【紅茶】をコップから注いだ。

「先ほど覗き込んだ時には中に何も入ってなかったのに。これが【聖杯】の力なのですね」

「ああ、僕の魔力をこのコップに通すと、取り込んだことのある液体を生み出せるんだ」

僕はタージェルにティーカップを手渡してから、自分の分も準備する。

不思議そうな顔で紅茶を見つめるタージェルに、「もしかして果実酒の方がよかったかな？」と冗談交じりに言った。

「いいえ。私、仕事中は判断が鈍るので飲酒はしないことに決めてまして」

バタラから聞いていた通り、真面目な男である。

その後、紅茶を飲みながら他愛のない話を交わす。

しばらくしたあと、本題に入ることにした。

「バトレル、例のものを持ってきて」

「かしこまりました」

僕の指示のもと、バトレルは一つの壺と二つの箱を運んできた。

それを目にして、タージェルが一瞬で商人の顔に変わる。

「タージェルも知っているだろうけど、エリモス領にはこれと言って特産にできそうなものが今までなかった」

「昔から不毛の地と呼ばれていましたからね」

「そう、あなたが取り引きしに来ている『魔獣素材』以外は」

この不毛の地に唯一、行商にやってくるタージェル。

彼が行商を続けているのは故郷への思いもあるが、それだけでは生きていけない。

つまりこの地には商人としての彼が足を運ぶだけのものがあるということだ。

それが魔獣から得た『魔獣素材』である。

領民が血や肉だけでなく、骨や皮も大事に保存しているのは、彼が素材を買い取りにやってくるからだ。

タージェルは買い取ったものを『輸入品』として、国内各地の好事家に売りさばく商売をしている。

今までデゼルトの町から仕入れたものだと国にバレなかったのは、国から町が見放され、まともに出入りするのはタージェルくらいだったからであり、タージェル以外にも海外から『魔獣素材』を輸入販売している商人が何人か存在しているからである。

この町で仕入れた『魔獣素材』もその商人たちと同じルートで売りさばいているので、足がつかないのだそうな。

言うほど簡単なことではなさそうだし、他にも手間暇がかかっていそうだが、タージェルはそれ以上詳しくは話さなかった。

「さて、本題に入ろう」

そう告げて、僕は今回の主商品である壺の蓋を開ける。

途端に甘ったるい香りが部屋に広がっていく。

「これは仮に砂糖水飴と呼んでいるものなんだけどね。まずはこれが売り物になるのかを聞きたい」

僕がそう言うのを見計らったように、いつの間にかテーブルの横に立っていたラファムが、皿に砂糖水飴をスプーンで取り分け、タージェルに手渡す。

タージェルはその透明でどろっとした液体の匂いを嗅いだり、様々な角度で眺めたりしたあと、指先につけて舐めた。

「これは砂糖を煮詰めたものですかな?」

「うん、本当は普通の粉砂糖を作りたかったんだけど、僕の【神具】は液体しか作れないから」

「ということは、やはりこれも領主様の【聖杯】でもたらしたものなのですね」

彼は真剣に砂糖水飴を調べながら「凄い」とか、「さすが噂に違わぬ力だ」とか、「女神に選ばれた、この地の救世主」などと小さな声で呟いているのが聞こえてきた。

一体どんな噂が彼の耳には届いているのだろうか。

特に最後の救世主云々(うんぬん)は、さすがに持ち上げられすぎだと思う。

なんだか照れくさくなってきて、僕は彼にもう一つの商材を先に見せることにした。

テーブルの上に置かれた二つの箱のうちの片方。

それをテーブルの中央に移動させ蓋を開ける。

「おや」

「砂糖水飴を売っていただけるなら、我が家の料理長が作り上げたこの菓子のレシピ集を一緒に配ってもらいたい」

「レシピを？　しかも無料で、ですか？」

「そう。粉砂糖を使った料理のレシピはあるんだけど、やはり砂糖水飴ともなると初めての人には使いにくいと思ってね」

それに今回の砂糖水飴は、粉砂糖よりもかなり安値で市場に流通させてもらうつもりだ。

粉砂糖は高級品なので、一般家庭では大量には使えないが、砂糖水飴は一般の人たちでも気軽に使えるようにしたいと思っている。

となると砂糖に関して、料理経験がほぼないであろう一般の人たちに使い方を示す必要がある。

砂糖水飴を販路に乗せても、買ってくれる人、使ってくれる人がいないのでは意味がない。

たぶんそのままでも徐々に広がっていくとは思うが、領地を発展させるためにはそんなに悠長に時間をかけてはいられない。

「レシピ集に関して、僕らは一切権利を主張しない。誰がどれだけ勝手に書き写して拡散しても、アレンジしてもかまわない」

「それはまた太っ腹ですな。貴族のレシピは本来、門外不出。いくらお金を積んでもなかなか手に入らないと聞きますのに」

彼は驚きの声を上げ、僕が差し出したお菓子を一つ口に入れて目を丸くする。

バタラたちにも味見を協力してもらって作り上げたレシピの数々だ。

そのどれもこれもが絶品である。

「さて、タージェル」

タージェルがラファム特製の紅茶を飲んで感動していたところで、僕はもう一つの箱を手に取る。

正直に言えば、ここまでは前座である。

本命はこの箱の中にあるものだ。

「ここから先は口外してはいけない話になる。いいかな？」

先ほどまでの少し緩い感じから真剣な表情になった僕を見て悟ったのか、彼も真剣な表情になって応（こた）える。

「私も商売人です。商売において取り引き先とは、様々な守秘義務のある契約を今までも取り交わしてきました。そして一度もそれを破ったことはありません」

「わかった。あなたを信用しよう」

僕は箱の蓋をわざとゆっくり開けていく。

「これは？」

箱の中には一本の小さな瓶。

そして瓶の中に入っているのは、うっすらと赤い液体。

「これは、もしかしたら今後この領地の最大の名産品になるかもしれないもの」

僕は小瓶を箱から取り出すとタージェルの前に置いて、その正体を口にした。

「今では滅多に市場に出回ることのない『魔力回復ポーション』だ」

◇　◇　◇

砂嵐（すなあらし）の中、五人ほどの集団が東へ向かって歩いていた。

その体躯（たいく）は大人としてはかなり小柄だが、顔には立派な髭（ひげ）が蓄（たくわ）えられており、服の間から覗く腕もかなり鍛えられている。

ざっざっざっ。

彼らは足に、板のようなものがついた不思議な靴を履いており、砂の海を一定のペースで進む。

その特殊な靴は、砂だらけの地を進むために彼らが作ったものだった。

「おやっさん、本当にこの先にその町とやらがあるんすかね」

集団の中の一人が、先頭を歩く男に向けて叫ぶ。

かなり大きな声であり、砂嵐が吹きすさぶ中でも、なんの問題もなく全員に伝わった。

「そういや、お前さんはあの町に行くのは初めてだったな」

先頭を歩く男はそれに対しては何も返さず、代わりに声を上げた男の後ろ、しんがりを務めている男が少し苦笑いのニュアンスを含んだ声で答える。

見かけではよくわからないが、質問を投げかけた男は、一団の中では一番下っ端であった。

「話だけは聞いてたんで楽しみにしてたんすけど、こんな何もないところとは思わなかったたんすよ」

「確かにここからだと町なんざ見えねぇな。まぁそれは今登ってるこの丘のせいなんだがよ」

しんがりの男が、くいっと髭の生えた顎で眼前の丘を指し示す。

一瞬、砂嵐が弱まり、丘の全貌があらわになった。

それほど高い丘ではないが、鳥のように空を飛んでいるわけでもない彼らには、向こう側はまったくうかがえない。

「丘を越えたらすぐだから、もう少しの我慢だ。それよりお前はこの中じゃ一番若いんだ。この程度で弱音を吐いてんじゃねぇぞ」

「すんません」

「おやっさんなんてもう孫がいてもいい歳なのに、今でもああやって先頭を歩いているんだしな」

「あの人はバケモンっすよ」

「確かにな」

後方の二人は、先頭をなんの迷いもなく歩く男に目を向けながら笑って会話する。

髭のおかげで、口を少し開けたくらいでは砂が中に入らない。

「おい、おめぇら、無駄口叩いて遅れやがったら、町に着いてからのお楽しみを減らすかんな‼」

先頭の男——おやっさんと呼ばれた年長の男が後ろを振り返って怒鳴ると、二人はそろって首をすくめ「そりゃ酷ってもんですぜ」と口々にぼやいて足を速めた。

一団が砂丘を越え、デゼルトに着くのにはまだもう少しかかりそうであった。

◇　◇　◇

僕はタージェルとの商談のあと、ポーヴァル自慢の料理が振る舞われる昼食会にタージェル一家を招待することにした。

いつもだとタージェルは息子と二人でこの町にやってくるらしいのだが、今回は僕との初顔合わせということもあって、妻と娘も連れてきている。

そのことを聞いた僕は、せっかくだからと彼ら一家を招待したというわけだ。

タージェルの息子はカルフと言って、まだ十二歳。

成人前ではあるが、父の跡を継ぐために一緒に各地へついていっては手伝いをしているらしい。

娘のペドラはそれより幼い十歳である。

子供たちは無邪気にはしゃぎながら、ポーヴァルが用意した子供用の料理を美味しそうに食べている。

そんな様子を少しハラハラしながら見ているのが、タージェルの妻アマンテ。

タージェルは先ほどまで僕と腹を割って話していたおかげもあって、僕の人となりを知ってリラックスしているが、どうやらアマンテはまだ僕のことを恐れている。

いや、彼女が恐れているのは『貴族』という肩書きだろう。

「すみません、子供たちが」

ペドラが食べかけの野菜をフォークで刺しそこねて床に落としたのを見て、慌ててアマンテが拾おうと屈む。

だが、彼女が野菜に手を伸ばす前に、既にラファムがナプキンで包み込んで拾い上げていた。

相変わらずの早業だ。

「ありがとうございます」

「お気になさらず。これが私の仕事ですので」

頭を下げるアマンテに、ラファムは無表情のまま応え下がっていく。

愛想をどこかに置き忘れてきたようなラファムの表情は、こういう時は誤解を招きやすいかなと苦笑しつつフォローを入れることにした。

「本当に気にしないで、普通にしていてほしい。僕は一応貴族ではあるが、もしかしたらもう除籍されている可能性すらある身だし」

僕は席から立ち上がると彼女のもとに歩み寄る。

「僕自身はタージェルのことはもう、友同然だと思っているよ。それにこの先タージェルが立ち上げるであろう商会は、大切な盟友だ」

少し大げさだったかもしれないが、彼女の目に見えてわかる恐怖心と緊張を解きほぐすためには、それくらいでちょうどいいだろう。

僕はテーブルの上からティーカップを一個持ち上げると、もう片方の手にコップを出現させる。

「それが噂の……」

「ああ、これが僕の【聖杯】さ。僕自身は仰々しすぎるから簡単にコップって呼んでるけどね」

そう言いながらティーカップにコップから紅茶を注いでいく。

子供たちはその様子を、不思議なものを見るようにじっと見つめていた。

「女神様の神具をこんなに近くで見たのは初めてです」

ちょっと拍子抜けしたように言うアマンダ。

「なんの変哲もないコップで失望させてしまったかな？」

既にこの流れは僕の持ちネタの一つになっている気がする。

「いいえ、とんでもございません。何もないところから突然現れるなんて不思議なものですね……しかもこの紅茶、とてもいい香り」

常温状態であっても、ラファムの紅茶の優しい香りは損なわれることはない。

もちろん彼女が直に淹れるものの香りに比べれば、雲泥の差ではあるのだが。

僕は紅茶の入ったティーカップを彼女に手渡す。

「この紅茶は人の心をとてもよく和ませてくれるんだ。僕の一番のお気に入りでもある」

「ありがとうございます」

彼女がゆっくりと紅茶を飲み終えるのを待ってから、僕は話し始める。

領地のこと、町の人々のこと、僕が今まで体験したこと。

そしてタージェルと話した商談のこと。

もちろん魔力回復ポーションの話は除いてだが。

色々な話をしているうちに、いつしか彼女の貴族に対する恐怖心と緊張は解けていったようで、
ラファムがデザートを持ってきた頃にはすっかり和気あいあいとした空気に変わっていた。

この時の僕は、新たなトラブルを起こす一団が町にやってくるとは知るよしもなかったのだった。

第三章　魔獣の試練とドワーフ族と

昨日、タージェル一家と親交を深めたあと、今回の取り引き分として砂糖水飴を詰めた壺を十個ほど用意した。

メディア先生が生成した魔力回復ポーションについてはとりあえず一本だけ、隣国の旅人から手に入れたものという形で流通に乗せてもらう。

今でこそ国内では貴重な薬だが、大討伐以前はそれなりに出回っていたものだし、現在も各貴族家や王家はいくつか所持しているので、一本程度では大きな騒ぎにはならないはずだ。

さて、僕はずっと気がかりだった魔植物に関する話をするために、地下にやってきていた。

コンコンコン。

「メディア先生、いますか？」

地下研究室の扉を叩いて、中に呼びかける。

しかし、返事がない。

扉に耳を当てると、微かな物音がした。中にはいると思うのだが。

もしかして、魔植物に襲われていたりしないだろうか。

僕は心配になって扉をもう一度、今度は強く叩く。

ドンドンドン！

すると、中からメディア先生の少し慌てたような声が聞こえてきた。

「ちょ、ちょっと待っておくれ。今開けるさね」

返事のあとに、扉越しにバタバタとした音が聞こえて。

少ししてから、ようやく扉の鍵が開く音がして、メディア先生が出てきた。

「何をしていたんですか、先生」

「いや、何もしてないさね」

あからさまに目を逸らす彼女。

これは絶対何かやらかしたな。

「それじゃあ部屋に入らせていただきますね」

「ここじゃだめかい？」

扉を背にしてそんなことを言うメディア先生に、僕はあきれて答える。

「こんな入り口で話せる内容じゃないことは、メディア先生もご存じのはずでしょう」

「それはそうかもしれないけど、別に誰も聞いていやしないって」

確かに彼女の言う通り、聞き耳を立てているような人はいないだろう。

けれどそれ以上に、彼女の反応が怪しすぎる。

「とにかく入らせてもらいますよ」

「あっ、ちょっと待つさね」

僕は強引に彼女の横を通り抜けると、部屋の中に出来上がっていた魔植物のトンネルを潜る。

なんだか先日見た時よりも蔦の種類が増えているような気がした。

嫌な予感がする。

そしてたどり着いた奥の机の上には――

「どうして増えてるんですか、先生」

この前は一つしかなかった植木鉢が、三つに増えていた。

そして、それぞれの植木鉢からは種類の違う魔植物が蔦を伸ばしてうごめいている。

「それはその……あれさ、研究のために仕方なく他の植物の種を育ててみたらこんな風に……あっ」

「他に何かあるんですか？」

何かを思い出したかのようなメディア先生の反応に、思わず身構えて尋ねる。

彼女は魔植物に声をかけて新しい道を作らせて奥に行き、もう一つ植木鉢を持ってきた。

「これこれ。報告しなきゃと思ってたんだけど、この子たちの世話しててすっかり忘れてたさよ」

「世話って……」

どんっ、と机の上に置かれた植木鉢からは、うごめく魔植物の蔦は生えていない。

その代わりに二本、人の腕ほどの大きさの葉が土から伸びてその存在感を見せつけている。

「これは？　野菜の葉ですか」

「まぁまぁ慌てずに、まず野菜が植わってるところを見てみるさね」

僕は促されるまま机に近寄り、中を覗き込む。

何か不思議なものでもあるのかと思っていたが、植木鉢の中には普通の砂しか見当たらない。

たぶん庭から採ってきたものだろう。

「ただの砂しかありませんけど？」

「そう、砂。町の周りにたくさんある砂さね」

何やら自慢げに胸を張るメディア先生を、僕は少し怪訝な表情で見つめたあと、言葉の真意に気がついてハッとする。

「本当にこれって普通の砂なんですか？」

「ああ、正真正銘、普通の砂さよ」

「でも野菜が生えてますよ。つまりこの野菜って、砂で育つ野菜なんですか？」

「そんなわけはないさね」

「えっ」

僕はもう一度植木鉢の中を覗き込み、砂に手を伸ばす。

そして手ですくい上げると、指の間からさらさらこぼれ落ちていった。

「野菜を抜いてみてもいいですか？」

「どうぞ」

許可を取り、今度は砂から生えている野菜の葉を掴む。

砂に埋まっているおかげで、あまり抵抗なく抜けた。

それは、僕もよく知っている『キャロリア』という野菜だった。

僕の知る限り、この野菜は砂漠の砂で育てられる作物ではなかったはずだ。

「どういうことなんですか」

「私は別に魔植物を、ただ面白いからと育てていたわけではないさね、坊ちゃん」

そう言いながら、メディア先生は机の下から小箱を五個取り出した。

小箱の上には十から五十まで十刻みの数字が書かれていて、数字の下に何やら細かい文字でメモがされている。

「その数字はなんです？」

「これは濃度さね」

「濃度？」

彼女は十と書かれた箱と、五十と書かれた箱から瓶を取り出して机の上に置く。

十の箱から取り出された瓶にはほとんど無色透明な液体が、五十の箱から出した瓶にはかなり赤い液体が入っていた。

「これはね、魔獣の血と肥料を混ぜたものさよ」

「書いてある数字は、魔獣の血の含有濃度ということですか」

「そういうこと。そしてキャロリアの植木鉢には魔獣の血を一パーセントだけ混ぜ込んだ肥料、いわば『魔獣水肥料』を砂に混ぜ込んであるんさよ」

『魔獣水肥料』という捻りのないネーミングについてはこの際どうでもいいとして、メディア先生が口にしたことが事実だとすればとんでもない話だ。

　僅かな耕地で、ようやく少しの野菜が採れるだけの我が領地。

　その半分を占める砂地で、今後は野菜を作ることができるようになるということだからだ。

「驚くのはまだ早いさね。坊ちゃん、よく考えておくれ」

「これ以上に驚くことがあるんですか？」

「前に坊ちゃんがこの部屋に来た時には、このキャロリアはまだここにはなかっただろ」

　前に来たのは三日ほど前だったか。

　ここで魔獣の血が魔力回復ポーションの原材料だと知って、魔植物に驚いたのを覚えている。

「もしかしてこのキャロリアって、三日も経たずにここまで育ったんですか⁉」

　だとしたらとんでもないことだ。

　通常キャロリアがここまで育つには、数ヶ月の時間がかかる。

　それをたった三日だと。

「ただ問題はあって、正直この環境で育てた野菜は美味しくないんさよ」

「食べたんですか？」

「一本だけね。見かけは立派だけど中身はスカスカ。魔力が回復する効果もなかったさね」

魔力の回復まではさすがに期待していなかったが、味が悪いとなるとぬか喜びに近い。

栄養素もほとんど期待できないことは容易に想像できる。

それでも、不毛の砂地で植物が育ったということは十分な研究成果だろう。

「魔獣の血の濃度を上げれば美味しくなるかと思って別のキャロリアに与えたら、このざまさね」

そう言ってメディア先生が指し示したのは、部屋に入った時に見た、新たな魔植物の植木鉢だった。

どうやら魔獣の血の濃度が濃すぎると、野菜であっても魔植物化するようだ。

「キャロリアの魔植物は食べたんですか？」

「一応根っこを見てみたんだけど、何もできてなかったんさよ」

「完全に別ものになってしまったということでしょうか」

「まだ本格的に研究を始めて一週間にもなってないからね。正確な答えは出せないさね」

とにかく、美味しくないとはいえ、野菜が栽培できる目処が立ったのは大きな収穫である。

僕はメディア先生に、魔植物化しないレベルで様々な濃度の肥料製作を依頼して地下を出る。

「さて、野菜を作れることがわかった以上、これから町の人たちに協力してもらって試験農園を作る準備をしなくてはな」

僕はその後、階段の上で待ち構えるかのように立っていたバトレルに、いくつかの指示を伝えてから町へ向かう準備を始める。

今日も日課のようになっている泉の注水作業に出かけるつもりだ。

そこにはきっと、いつもみたいにバタラが待っていてくれるはず。

彼女は未だに、また注水の時に倒れるのじゃないかと心配で目が離せないのだそうだ。

無茶をする弟を見守る姉のような理由に、僕は恥ずかしいやら悲しいやら、複雑な気分でいる。

今はメディア先生が生成した試作品の魔力回復ポーションも一応持ち歩いているし、心配する必要は皆無（かいむ）なのだが、そんな貴重なものを持っているとは言えない。

それに注水作業中にバタラから町の話を聞くのも、僕にとって楽しい時間になっていた。

だから僕は彼女には何も言わないのだ。

玄関を出ると、そろそろ見飽きてきた雲一つない青空が広がっている。

「さぁ、今日も頑張ってお仕事するぞ!!」

青空に向け、軽く伸びをしてから気合いを入れると、荷物を持ち上げる。

その中にはポーヴァルの新作菓子とティーセット。

紅茶はもちろん僕のコップで用意するから、荷物の中には入っていない。

いつものベンチで待っていてくれるはずのバタラの分と合わせて、二人分の荷物を運ぶのにも慣れてきた。

僕はそうして、今日も軽い足取りで領主館前の坂を下っていくのだった。

◇　◇　◇

「ふぅ。今日はもうこれくらいでいいかな」

メディア先生の報告を聞いてから一週間。

すっかり水量を取り戻し、前にバタラから聞いていた程度の水位にまで達した泉を眺めながら、僕は額に浮かんだ汗を拭う。

涼しげな風が吹いているとはいえ、日中の日差しはかなりきつく、時々木陰で休憩したくなる。

だがオアシスの周りの木々は枯れてしまっていて、かつての面影はない。

それでも水が戻ってきたおかげか、周辺にはポツポツと緑を見られるようになっていた。

時折見かける鳥が、種でも運んできたのだろうか。

「シアン様、そろそろ休憩にしませんか？」

僅かな緑を眺めていると、背後から僕を呼ぶ声が聞こえる。

振り返ると、バタラがベンチでティーセットを取り出して休憩の準備を始めていた。

「ああ、僕もちょうどそうしようと思ってたところさ」

初めて僕が彼女と出会ったその場所は、今では定番の休憩場所となっている。

もともとは横に大きな木が生えていた、バタラのお気に入りの場所だったと聞く。

だがその木も今は枯れ果て、根の部分が残るだけになってしまっていた。

「いつもありがとう。今日は仕事はもういいのかい？」

僕はバタラとティーセットを挟んで反対側に座り、懐から取り出したハンカチで額に浮いた汗を拭きながら尋ねる。

「はい。今日はもう大丈夫です」

よくバタラは注水作業に付き合ってくれるが、彼女も彼女で毎日の仕事があるのを僕は知っていた。

もう僕一人でも無茶をする気はないし、実は今日もこっそりとロハゴスが護衛についている。

なのでバタラが仕事を急いで終わらせてまで僕のお供をする必要はない。

しかし領地が発展していけば、いずれ彼女と気軽に出歩くこともできなくなるだろう。

だから今しばらくは、バタラとの時間を大切にしたいと思っている。

「ここは涼しくていい」

ベンチには今、ルゴスが簡単に作ってくれた屋根がついている。

情緒に欠けるし、突貫工事で作ってもらっただけなので見かけもそれほどよくないが仕方ない。

「それではよろしくお願いします、シアン様」

「ああ、ちょっと待って」

僕はスキルボードを操作して【水】から【紅茶】へ切り替えると、バタラが並べてくれた二つのティーカップに注ぐ。

常温でも、暑い外で飲む分には十分喉を潤してくれる。

とはいえ、いつか温度が調整できるようになるといいな、と思いながらコップを消し、ティーカップを手に取る。

「そういえばお茶の淹れ方をラファムに教えてもらってるって聞いたけど」

「時間がある時に時々教えてもらってるのですが、あんなに奥が深いとは知りませんでした」

嬉しそうに答えながら、バタラは満々と水を湛えた泉を見て、ティーカップに口をつける。

眩しい太陽の光が水面を輝かせ、反射した光に思わず目を細めてしまう。

「こんな日が来るなんて、私、思いもしませんでした」

ポーヴァルの新作菓子をつまみながら、僕はバタラの話を聞く。

彼女が幼い頃、まだ泉の周りに緑があった頃の話だ。

半分以上砂漠と化しているエリモス領で唯一のオアシスであるこの場所には、近くに住む動物たちや鳥も姿を見せていたという。

町の人たちもむやみやたらに獣たちを狩ることもせず、この町はのんびりとした空気の中、時を過ごしていた。

バタラが小さい頃は既に国はこの地から手を引いて、人口も一気に減ってしまっていたということもあるのだろう。

「いつかまた周りが緑にあふれて、みんなでのんびり過ごせる場所になるといいですね……」

今、オアシスの水量はコップの力で戻ってはいる。

だが、これは一時的なものだ。

実際、僕が水を注ぐのをやめれば数ヶ月もせずにまた元のように枯れ果ててしまうだろう。

近いうちに泉が枯れた原因を探してなんとかしないといけない。

そして、ここを本当の緑あふれる地にするのだ。

そんな思いを抱きながら僕はバタラに応える。

「ああ、きっと僕が君のその願いを叶えてあげるよ」

ベンチから立ち上がり、オアシス全体を眺める。

ところどころに生えかけている草と、以前は泉の周りを彩っていたという木々の残骸。

その景色は美しい泉とはあまりに似つかわしくなく荒涼としていて。

ぐるっと見たあと、最後にベンチの横で無残な姿をさらしている枯れ木の根に目を向ける。

木陰を作ってくれていたその木も、今や残骸の一つだ。

これからオアシスを緑の地に戻すためには、こういった枯れ木の残骸も片付けていかないといけない。

こんな状態になっても、バタラにとっては大切な思い出の木なのかもしれないが――

「ん？」

「どうかしましたか、シアン様」

「これはもしかして」

突然折れ残った枯れ木の根の前にしゃがみ込んだ僕に、バタラは不思議そうな声を上げる。

そしてベンチから立ち上がって、僕の横にしゃがみ込む。

「バタラ、これを見てくれ」

「なんですか——って。これは！」

僕の指さす先。

そこにあるものを見てバタラが息を呑む。

「まだこの木は死んでなかったんだ」

僕が見つけたのは、すっかり枯れていた木の根、その横から生えた小さな芽だったのである。

新たな命の芽を見つめたまま動かないバタラに、僕は優しい声で語りかける。

「これが植物の生命力なんだ。僕はその強さを、ちゃんと理解してはいなかったって思い知ったよ」

もしかしたら木々の残骸を処理せず、根を町の人たちが放置していたのは。

「町の人たちはそのことを、この地に生きる植物たちの強さを意識しないままに信じていたのかもしれないね」

「そう……かもしれません。私もずっと諦めきれずにこの場所に毎日来てました」

バタラはそう口にすると、いつの間にか目元に浮かんでいた涙を拭って僕の方を向き微笑む。

「きっとこの子たちもずっとシアン様という救世主を信じて待っていたのでしょうね」

「救世主とか、そこまで持ち上げられることでもないさ。さてと」

僕はゆっくりと立ち上がり腰を伸ばすとバタラに声をかける。

「他の木の根も見てこよう。まだ生きている木があるかもしれない。いや、きっとある」

「そうですね。それじゃあ誰か町から呼んできましょうか？」

「いや、今日は時間もあることだし二人で見て回ろう。最近ポーヴァルの砂糖水飴で作ったお菓子ばかり食べて体重が増えた気もするし、少し歩きたいんだ」

そう言ってお腹をさする僕を見て、バタラも同じように自分のお腹を触り……

「そうですね。私もです」

と、恥ずかしそうに頬を染めた。

もともと栄養の偏りもあって痩せていたバタラは、むしろもう少し太った方がいいと僕は思っている。だが、そういうことは女性に向かって口にしてはいけないとエンティア先生からマナーとしてしつけられている。

「それじゃあ行こうか」

僕はしゃがんだままのバタラに手を差し出す。

「ありがとうございます」

バタラは少しはにかみながら僕の手を握り返し立ち上がると、すぐにその手を離した。

そして慌てたように次の木の根に向けて駆け出していってしまう。

「そんなに急がなくてもいいのに」

僕は苦笑しながら彼女のあとを追う。

先に木の根にたどり着いた彼女が、やがてそこにも新しい命の芽を見つけたらしく、ゆっくり歩み寄る僕に満面の笑みを向けた。


少し歩いては木の根を調べる。そんなことを何回か繰り返しているうちに、僕らは元のベンチまで戻ってきていた。

「さすがに一周回ると疲れるね」

「シアン様はやっぱり少し運動不足なのかもしれませんね」

簡易的に作られた屋根の日陰で涼みつつ、バタラがティーカップをベンチの上に並べるのを待って、僕はハンカチで汗を拭いながら紅茶を注ぐ。

結局残っていた木の根のうち、芽が生えてきていたのは数本しかなかった。

だが、もしかしたら他の木も未だ生き残っている可能性があるかもしれない。

一度専門知識のあるメディア先生にでも調査を依頼すべきだ。

魔獣水肥料が完成して安全性が確かめられたら、それを使いオアシスの緑化計画を進めるのもいいだろう。

　夢が膨らむ。

「あら？」

　ベンチで僕が休んでいる間に、しゃがみ込みながら隣に芽吹いた木の芽をまた観察していたバタラが声を上げた。

　木の芽に何か変化でもあったのかと体を起こすと、彼女は既に立ち上がりオアシスの方を向いて何かを目で追っているところであった。

「どうしたんだいバタラ」

「あそこを見てください」

「どこ？」

「オアシスの左の方です。さっき四つ目の木の芽を見つけたあたりです」

　ベンチに座りながらバタラの告げた方向に目を向ける。

　四つ目というとあのあたりか。

「何かいるね」

「ええ、あれはデザートドッグの子供のように見えます」

　デザートドッグか。

領地の植生や生き物たちについて、エンティア先生から教え込まれた知識の中に存在した名前だ。

確か、もともと砂漠や荒野に棲む動物だったはず。

個体数はそれほど多くないが、十年ほど前までは人里の近くでよく見かけることがあったという。

性格は温厚で人を襲うこともなく、人の手から餌をもらうこともあるという。

異常にすばしっこく悪意に敏感で、捕まえようとするとすぐに棲み処を変え姿を消してしまうとか。

そんなデザートドッグだが、実は生態はよくわかっていない。

一説には地面を掘る力を持っていて、地下深くの水脈まで届くところに巣を作り棲み処にしているのではという話もある。

「オアシスが枯れる前まではたまに見かけることもあったのですけど。あのくるりと巻いた尻尾と茶色の毛はデザートドッグだと思います」

デザートドッグの子供らしき獣は、ゆっくりとオアシスに近寄ると前足で水面をちょんちょんと触る。

恐る恐るといった動きで、今度は水を飲み始める。

しばらくペロペロと水をなめたあと、今度は周りに生えた草の匂いを嗅ぎだした。

「何をしているのかな?」

「オアシスが珍しいんでしょうか。あのくらいの子犬だと生まれて初めて見たかもしれませんし」

ゆっくりと。

時にオアシスの水をパシャパシャ浴びたりしながら、子犬はこちらに向かって歩いてくる。

どうやら僕たちが見ていることに気がついているようで、時々チラチラとこちらに視線を向けては周りの匂いを嗅いで近寄ってきていた。

「シアン様。あのワンちゃんを撫でに行ってもよろしいですか？」

「噛まれたりしない？」

ゆっくりと近寄ってくるのは僕の膝ほどの高さしかない子犬。

だが、デザートドッグは成犬になると人間の大人ほどの大きさになるという。

「大丈夫ですよ。ほら、あんなに尻尾を振ってますし」

体は茶色い毛で覆(おお)われてはいたが、近くまで来て見てみると、顎の下からお腹にかけては少し白っぽい毛が混じっていて全身が同じ色ではないようだ。

それが成犬になると全員茶色一色になっていくのだろうか。それとも変種か？

バタラの言う通り、くるりと巻き上がった尻尾を左右にかなりの勢いで振っている姿は愛らしいと言えなくもない。

元の我が家。つまりバードライ家の館にも警備犬が十頭近くいた。

しかしそれらは全て尻尾が短く切られていたのと、万が一に噛まれて怪我をするかもしれないということで近寄ることも撫でることも許されていなかった。

犬の尻尾による意思表示の意味は、本やエンティア先生たち家庭教師から聞いて知っているだけである。

「本当に大丈夫なんだろうね？」

驚かせないように注意しながら子犬に近寄っていくバタラを、冷や汗を流しながら僕は見守る。

もしもあの犬がバタラに噛みつくようなそぶりを見せたら、その時はすぐに彼女を守るために飛び出さねばならない。

「よしよしよしよし。ほらっ、こんなにおとなしいんですよ」

そんな僕の思いをよそに、バタラは笑顔のまま子犬に近づくとそっと手を伸ばし犬の首筋を優しく撫で始めた。

襲いかかるどころか、目を細め彼女が顔中を撫で回すのを気持ちよさげな顔で受け入れている。

だらしなく開かれた口にずらりと並ぶ鋭い牙が、もし彼女に向けられるようなことがあればどうなるだろう。

そんなことを考えながら僕はバタラに尋ねてみる。

「バタラは犬とか怖くないのか？」

「ええ。子供の頃もよくこうやって撫でてあげてたんですよ。もしかしてシアン様は犬が苦手なのでしょうか？」

「いや、苦手というか。我が家が飼っていたのは警備用の凶暴な犬しかいなかったからさ。昔、館

に潜り込もうとした賊がその犬に噛み殺されたとか聞いてからは少しね」

それになんだかこの犬、気のせいかもしれないけど僕の方を見る時は目に敵意がこもっているように感じるんだよな。

「シアン様も撫でてみますか？」

「いや、僕はいいよ。それよりこの犬がデザートドッグの子供なら、親も近くにいるんじゃないか？」

だが、周りを見渡してもそれらしい影は見当たらない。

最近はこのあたりでは見かけなくなっていたそうだから、棲み処を移動させたのだろうけど。

「もしかして群れからはぐれたとか？」

野生の生物の子供が親からはぐれるということは死を意味すると聞いたことがある。

それがこの町の周りのように過酷な環境ならなおさらだ。

「もし親がいたとしても、たぶん町には近寄らないと思います」

「どうして？」

少しうつむき加減にそう呟いたバタラに、僕は理由を問う。

「シアン様もご存じのように、この町は今でこそ遺跡のおかげで魔獣という食料を手に入れています。ですが先代領主様が亡くなられ、王国が管理を放棄してから遺跡が発見されるまでの間……」

「もしかして……」

「ええ、人々は町の周りに住んでいた動物たちを主に狩っていたのです」

最初こそデザートドッグは狩りの対象ではなかったらしい。

だがこんな不毛の地には、もともとそれほど多くの動物たちはいない。

そして町の人たちは生きるためにデザートドッグを狩ることにしたのだそうだ。

「でも人々がそれを決めた時には既にデザートドッグは姿を消してしまっていたんです」

「人の悪意に敏感だという話は本当なんだね」

目の前でバタラにお腹を見せて気持ちよさそうに撫でられている姿からはまったく想像できないが、デザートドッグというのはよほど敏感な神経を持ち合わせているに違いない。

「しかし、それももう随分昔の話だろ？　今は誰もデザートドッグを襲おうなんて考えていないからこそ、この子犬も町に迷い込んできたのだろうしね。だったら同じように親も迎えに来るかもしれないよ」

「そうですね。しばらく様子を見て、それでも迎えが来なかったら――」

「その時はちょうどいい。我が家の番犬にでもなってもらうかな」

僕の言葉にバタラは嬉しそうに顔をほころばせる。

逆にそれまで彼女にお腹を撫でられてご満悦だった犬からは、なぜだか不満そうな空気を感じる。

たぶん気のせいだとは思うが。

「それじゃあ町の人に意地悪されないように、ワンちゃんにはこれをつけてあげますね」

バタラはそう言うと、頭に巻いていたバンダナを外して犬の首に巻き付ける。

微妙に似合っているような、いないような。

「いいのか？　それ、バタラのお気に入りなんじゃ」

僕の知る限り、彼女はいつもあのバンダナを頭に巻いている。

お気に入りなのだと思っていたから、あっさりと犬にプレゼントするとは思わなかった。

「これですか？　これは母のお手製で、家にたくさんあるので大丈夫です」

「ああ、そうなんだ」

「シアン様も欲しいですか？」

「いや、僕には似合わないと思うから」

毎日同じものをつけてるわけじゃなかったのか。

さすがに年頃の女の子が、ずっと同じものを洗濯もせずにつけているわけはないよな。

『わんっ！　わわんっ!!』

「うわっ」

大量のバンダナに埋もれて眠るバタラの姿を想像していると、いきなり犬が吠えた。

突然のことに思わず情けない声を上げてしまったのは仕方のないことだろう。

「突然なんなんだよ、この犬っ」

バタラにかっこ悪いところを見せてしまったと犬を睨む。

『わふーん』

犬はしゃがみ込んだバタラの手をペロペロなめ、僕の顔を睨み返して走り去った。

なぜだか僕に対しては最後まで微妙な敵意を向けていた気がする。

「……行っちゃいましたね」

「……なんだったんだ、結局」

時折後ろを振り返る犬の姿が見えなくなるまで、僕らはずっと見送った。

「いつか……」

「ん？」

「いつかこのオアシスに緑が戻ってきたら。その時はまた会えるでしょうか？」

緑あふれ人々や動物たちが集（つど）っていたオアシスの姿を僕は知らない。

だけどいつか。

魔獣水肥料が完成して、泉の枯渇した原因が突き止められさえすれば、きっとこの地に緑は戻ってくるはずだ。

そしてそれは遠い未来じゃないと僕は信じている。

「そうだね。きっとまた来てくれるさ。だってあれだけバタラにあの子は懐いていたんだしね」

僕にはまったく懐く気配はなかったけれど。

「またあの子に会いたいな」

寂しそうに呟く彼女に僕は「いつか僕が会わせてあげるよ」と微笑みかける。

王都を出る時は知らなかった。

不毛の地、命なき地と呼ばれていたエリモス領にもかつてはたくさんの植物があり、動物が暮らしていたことを。

そして、そこに住む人たちが今も一生懸命生きているということを。

どれだけ勉強して本を読んで学んでも、実際に体験して知ることに比べれば僅かなことでしかない。

それを知れただけでも、僕はこの地にやってきてよかったと思っている。

「さて、日も傾いてきたことだしそろそろ帰ろうか」

「はい。それじゃあ食器を片付けますね」

明日は試験農園に入り浸りのメディア先生のもとへ出向いて、オアシスのことを相談するつもりだ。

試験農園の作物はかなり育ってきていると聞いている。

午前中はバトレルに監視されて政務を行わなければならないから、出かけるとしても午後からになる。

となると、いつものようにこの場所に来て水を補給する時間はないかもしれない。

「バタラ。明後日は何か予定は入ってる？」

「はい？」

「明日と明後日は昼から試験農園の方へ行くつもりなんだ。もし時間があるなら明後日くらいに君も行ってみるかい？」

「予定は空いてますけど、私なんかがいいのですか？」

「もちろん。いずれは町の人たちに畑を運営してもらうつもりだし、バタラの意見も聞きたいと思っていたんだ」

現状はメディア先生がなぜか農園管理役を買って出てくれているが、彼女の本業は医者である。

彼女が今まで研究のために薬草や毒草を育てていたことは知っている。

だが、草と野菜の育て方が同じとは思えない。

臣下の中で一番植物に詳しいというだけでやっていけるほど、農業は甘くないだろう。

魔獣水肥料が完成する頃には、本格的に町の専門家の力を借りなければいけないと思っている。

「とりあえず明日僕は試験農園を見てくるから、それで『安全』だったら明後日に一緒に行こう」

「危険な場所なんですか？　農園なのに？」

「うん……まぁ、危険じゃないとは思うんだけど一応念のためにね」

なんせあのメディア先生が管理している場所である。

僕の目を盗んで何をしているかわかったものではない以上、念には念を入れておく必要があるのだ。

苦笑いを返しつつバタラと共にティーセットを片付け、余ったお菓子を布巾(ふきん)で包んでバタラに手渡してから食器類の入った鞄を肩に担いだ。

「それじゃあまた明後日」

「はい。この場所でお待ちしてます」

夕日に赤く染まりだした町並みを背にして、僕はバタラと別れ一人領主館への坂道を上る。

しばらく歩いたらどこからか護衛のロハゴスが合流し、僕の手から荷物を受け取って黙々と歩きだした。

彼は僕の護衛としてついてきてくれる際、なぜかいつも物陰に隠れてしまうのである。

「ロハゴスも一緒にお茶したらいいのに」

何度もそうやって誘うのだが、一向に乗ってくれないのは彼が真面目だからか、それとも何か理由があるのだろうか。

そんなことを考えながら、僕は今日も坂を上っていくのだった。

◇　◇　◇

「凄い！　町の外なのにこんなに緑が一杯あるなんて。これもシアン様の魔法なのですか？」

二日後、安全を確認した僕はバタラと共に、町の外に作った試験農園にやってきていた。

町の裏側。つまり王都側とは反対の大渓谷がある方向。

裏門から外に出たところに作った試験農園は、領主館の土地と同じ程度の広さの場所を簡単に柵で囲っただけのもので、ルゴスが大工たちと一緒に一日で作ってくれた。

他には簡素な小屋があるだけだったその場所は今、様々な野菜や植物で賑わっている。

「やぁ、来たね、坊ちゃん――とバタラ嬢ちゃん」

「メディア先生、僕が様子を見に来るたびに凄くなってないですかね」

「最初に高濃度の魔肥料を撒いたあっち側はちょっと、思ったより凄いことになってててね」

そう言ってメディア先生が指し示した先。

そこには既に人間二人分ほどの高さまで成長した謎の植物が、砂漠の風に揺らめきながら伸びている。

ちなみに『魔獣水肥料』という名前は、僕の意見で、わかりやすいように『魔肥料』に名前を変更した。

「逆に手前側の野菜たちはそれほど成長してないさよ」

「やっぱり、濃度の違いかな」

「それ以外はいじってないからねぇ」

僕は柵の扉を開け、三人で試験農園の中に足を踏み入れる。

この農場が作られてから約一週間。

メディア先生が魔獣の血の含有率を一畝（いっせ）ごとに変えて管理して、野菜や植物を育て始めたのだが、やはり含有率が高いほど成長が早く、低くなるほど成長速度は落ち着いてくるようだ。

それでも一番薄い魔肥料ですら既に芽も葉も出てきているから、かなり早いのだが。

「シアン様、シアン様」

メディア先生と進捗について話している間に、バタラは畑の中を興味深げに歩き回っていたが、ふと足を止めて、少し離れたところで僕に向けて大きく手を振りながら呼ぶ。

「どうした、バタラ」

「これ、これ見てください」

メディア先生と二人で彼女のもとまで駆け寄り、彼女の指さす先に目を向ける。

そこにはとある植物があって、軽く指先でつまめるほどの赤い果物が実をつけていた。

「ああ、ストロの実か」

ストロの実は果物の中でも高級品だ。

その鮮烈な赤色と、食べた時に口の中に広がる甘酸っぱさが、貴族の間で人気である。

僕は酸っぱいのが少し苦手なのでそれほど食べなかったが、姉上は好んで食べていた。

美容にいいとかなんとか言っていたことを思い出す。

「十個くらい実がなってますね。すごく赤い……」

「食べてみるかい？」

僕はバタラにそう言いながらストロの実を一個、指でつまんで捻り取る。

「え？　いいんですか？」

「是非感想を聞かせてくれ」

「ありがとうございます」

バタラは僕の指からストロの実を大事そうに受け取ると、小さな口を開けて端っこからかじりついた。

瞬間、彼女の目が見開かれ、残りを一気に口の中に入れ全て食べてしまう。

その反応を好ましく感じながらも、確認のために問いかけた。

「どうだった？」

「すっっっっごく甘くて美味しいです。これ、本当にこの場所で育ったのですか？」

「ああ、間違いなくデゼルト産のストロだよ」

「凄い。シアン様はこの町が今までやりたくてもできなかったことを、どんどん実現させてしまう。こんな夢のようなことってあるのでしょうか」

昨日僕は一人でこの畑にやってきて、今やほとんど併設の小屋に住み込み状態のメディア先生と共に、ストロの実を食べた。ただし、僕たちが食べたのはバタラが今食べた場所の一つ隣にある、魔獣の血の濃度が少しだけ高い魔肥料を使っている畝（うね）でなっていたものだ。

試験農園を作ってから、毎日のようになるストロの実を、そうやって食べ続けていた。

それでわかったのは、やはり魔獣の血の濃度を下げれば下げるほど植物の成長速度は落ちていくということと――

「成長速度を落とすほど味がよくなっていくとはね。予想はしていたけど実際に目の当たりにすると不思議さね」

今、メディア先生が言ったこと。

「どれ、僕も一つ食べてみようか。メディア先生もどうぞ」

僕は二つの実をもぎ取って片方をメディア先生に手渡し、自分の分を口に放り込む。

昨日食べた一つ隣のストロの実もかなり美味だったが、こちらはそれよりも更に糖度が増して、酸っぱいものが苦手な僕でも満足するものになっていた。

「わ、私ももう一個食べてよろしいでしょうか？」

バタラが物欲しげな目でそう訴えてくるのもわかる味だ。

「かまわないよ。ここにあるストロの実は全部バタラにあげる」

「そ、そこまではさすがに」

自分が食い意地の張った娘と思われることを嫌ったのか、彼女は両手を赤らめた顔の前で振る。

僕はまた数個の実をもぎ取ってバタラに手渡し、農場を見回す。

「しかし一週間程度の研究でこの味だとすると、この先にできるものはどれほど凄いものになるんだ」

僕の頭に、あの【おいしい水】のことが浮かぶ。

あまりに美味しすぎると、色々な意味で危険なことになりそうな予感がする。

「メディア先生。実験はこのあたりまでで、そろそろ切り上げた方がいい気がします」

「坊ちゃんもそう思うかい？　あたしも同感さ。これ以上はヤバイさね」

僕らはストロの実を美味しそうに頬張るバタラを横目で見ながら、次の段階へ進むことを決める。

「それで坊ちゃん、覚悟はできたのかい？」

「ええ、この農園を見せつけられたらいつまでも躊躇しているわけにもいきませんからね」

「しかし【魔獣の血】が複製できれば最初から完成品が作れたかもしれないのにね」

そう、僕は前に【魔獣の血】をコップで複製しようとしたことがあるのだが、スキルボードに登録されることはなかったのだ。

魔の産物を【聖杯】が嫌ったせい……とも思ってみたりもしたが、正しいのかどうかはわからない。

もしかしたら【聖杯】の力がこの先開放されていけば可能になるかもしれないが。

ともかく、魔獣の血については今まで通り領民が狩ってくるものを使うしかない。

だが、その血を薄める『肥料』については別だ。

主に家畜の糞などを水に混ぜ込んで、メディア先生が配合した【水肥料】については、きっとこのコップで量産できるはず。

けれど、今までなぜそれをやってこなかったのか。

簡単な話だ。

「飲み物を出す【聖杯】に糞尿を入れるのは抵抗あるんだよなぁ」

「その気持ちは十分わかるさね」

「もしかしたら女神様に次に会った時、めちゃくちゃ怒られるかもしれないと思うと……」

僕とメディア先生は眉間に皺を寄せながら、コップと【水肥料】を見る。

「糞尿だからねぇ」

「糞尿ですからねぇ」

「でもやらなきゃ前に進めないさよ」

「ですよねぇ。それじゃあ女神様に一応断っておきますか」

そして二人は軽く目を閉じ、心の中でお互い同じことを天に祈った。

お願いです、女神様。

これは必要なことなのです。

だから。

怒らないでくださいね。

それと、ごめんなさい。

◇　◇　◇

場面は旅をしていた小柄な男たちの方に移る。

「なんじゃ、これは」

砂丘の上、髭モジャの一団の先頭に立ち、誰よりも早くその光景を目にした彼は、呆然と立ちつくしていた。丘の頂上から見える、今まで何度も訪れた町のあまりの変わりように、驚いていたのである。

続いて、彼の仲間が次々と砂丘の上に到着しては彼と同じように驚きの表情を浮かべて立ち止まり——

「やっと追いつきましたよ。おやっさん、足速すぎっす」

「よく頑張ったな、若いの。ここからは砂上靴（さじょうぐつ）で一気に下りるだけだからな……って、おやっさん、どうしたんですか」

最後に、息も絶（た）え絶（だ）えになった若者と、しんがりを務めていた男が上ってきた。

そして先行組の三人が、声もなく丘の向こうを見ているのに気がついて怪訝な顔をする。

「何があったんだ」

しんがりの男がへたり込んだ若者を押しのけて、三人の横に並び、見た。

「なんであんなところに林があるんだ」

砂丘のちょうど下あたり。

前回来た数ヶ月前には何もなかったはずのその場所に、小さいながらも立派な林が出来上がっていたのだ。

「やっと来やがったか、ゴーティ」

ゴーティと呼ばれたしんがりの男が、困惑したように尋ねる。

「おやっさん。これは一体……」

「俺にもわからん。確かにこの前来た時にはこんなものはなかったよな」

おやっさんと呼ばれる先頭の男は、他の二人に確認を取るように声をかけた。

「ありませんでしたな」

「ないね」

当然二人は首を横に振る。

そんな彼らのもとに、息を切らしながら一番若い男がふらふらとたどり着き、他の者と同じように眼下に目を向けた。

「へー、こんな砂漠の真ん中に本当に人が住めるような場所があったんすね。しかも林まである」

他の四人と違い、彼はこの町に来るのは初めての経験だった。

だから彼にとっては眼下の風景も『噂に聞いていた砂漠の町』でしかない。

「あとはこの丘をさーっと滑り下りればいいんすよね？　早く向かいましょうよ。もしかしてここで一旦休憩っすか？」

　目的地が目の前にあることに少し興奮したのか、若者がはしゃいだ声を上げた。

　その軽い言葉に自らの責任を思い出したのか、おやっさんは一度強く目をつぶってからカッと見開く。

「こんなところでぼーっと眺めていても仕方ねぇか。何がなんだかよくわからんが、林の向こうを見る限り、町が滅んだわけじゃなさそうだ」

「そうですな。各々、荷物を落とさぬようにな。特に若造」

「はいっ、もちろんっすよ。きちんとロープで体にしっかり括り付けておきます」

　慌てて荷物から紐を取り出し体に巻き付け始める若者の横で、他の者たちも自らの装備を確認し、最後に砂漠を歩くために作られた装備——砂上靴の横につけられた竜頭のようなものを引き出して回し始める。

　すると砂に沈み込まないように靴裏に取りつけられた板が前後に伸び始め、やがて腕ほどの長さまで伸びたところで止まった。

「お前たち、準備はいいか？」

「あっ、ちょっと待ってくださいっす——これをこう回してっと……よしっ、準備完了っす！」

　最後までもたついていた若者がそう答えると、おやっさんは目線を森の方へ向けて「では行くぞ！」と吠え、一気に砂丘を滑り下りていく。

それに続いて他の先行組の二人も同じように下りていった。

残されたのは若者としんがりのゴーティの二人だけ。

「ほら、ティン。はやく行け」

「れ、練習はしてきたんすけど怖いっすね。アレでしたらゴーティさんも先に行ってもらってもかまわないっすよ」

「馬鹿野郎。俺は隊のしんがりを任されてんだ。お前が先に行かなきゃ意味がないだろ。ほれっ」

ドンッ。

ゴーティが若者――ティンの背中を軽く蹴飛ばす。

「うわあああああっ」

強制的に滑り出させられたティンであったが、練習してきたという言葉通り徐々にバランスと落ち着きを取り戻し、ゆっくりながらも砂丘を下っていく。

それをしばらく確認のため眺めていたゴーティも、もう大丈夫だろうとあとを追って滑降する。

「しかしあの林はなんなんだ。砂漠に突然林が生えるなどという話は今まで聞いたことがないぞ」

林や森があった場所が砂に呑み込まれ消えてしまったという話なら耳にしたことはあるが、逆は知らない。

独り言を呟きながら滑降していく先に目を向けると、先に滑り降りていったおやっさんたち先頭集団がその林にたどり着くところだった。

さすがベテラン勢は砂上靴を使い慣れている。

その後ろをおっかなびっくりでゆっくりと滑り降りていくティンも、いつかは彼らと同じくらい使いこなせるようになるのだろう。

なぜなら今でこそおやっさんに引けを取らない腕前で、しんがりを任されているゴーティ自身も、最初の頃はあのティンと同じ程度のぺーぺーだったからだ。

ティンの姿に昔の自分を重ねつつ、追い抜かさないように調整しながらあとを追っていると、突然前方からおやっさんたちの悲鳴が響き渡った。

「うわあああああああああああっ」

「なんじゃこれはあっ！」

「ぬわーっ」

「ひぃぃぃっ、うわっ。ごふっ」

最後のはティンの悲鳴だ。

ティンは前方で起こった突然の出来事に驚き、盛大にこけ、砂の海に頭から突っ込んでいた。

「一体何があったんだ」

ゴーティはティンの様子を見ていたために、前方集団に目を向けていなかった。

「ティン、そのままそこでじっとしてろ」

「はっはひっ」

ゴーティはスピードを上げ、砂から起き上がって顔中についた砂を払い落としているティンの横をすり抜け、前方を注視する。

砂が舞い上がって視界を遮(さえぎ)るせいで、何が起こっているのかここからではよくわからない。

「このまま突っ込むのは危険か」

そう判断したゴーティは、砂丘の途中で速度を緩めて砂埃(すなぼこり)が落ち着くのを待つことにした。

彼が隊のしんがりを任されている理由は、想定外の事態が起こった時に冷静に対処できる判断力があるからである。

やがて彼の見つめる先。

舞い上がった砂が徐々に収まっていくと、そこには――

「なんなのだ、あれは一体!!」

地中から生えた謎の植物たちによってぐるぐる巻きにされ、吊るされた三人の姿があったのだった。

◇　◇　◇

あの日僕は、聖なる神具に糞尿を放り込むという罪を犯した。

しかし寛大な女神様は、僕を許してくれたようだ。

なぜなら目の前に浮かんでいるスキルボードの一覧の中に【水性肥料】という文字が燦然と輝いているからである。

いや、今は灰色に暗転しているから輝いてはいないが。

とりあえずあのあと、試験農園に設置してあった肥料を溜めておく桶に【水性肥料】を入れた。

その後、恐る恐るコップの匂いを嗅いでみたのだが、不思議なことに肥料のきつい匂いは一切感じられなかった。

それでも色々な意味で心配だった僕は、農園用に作った溜め池に水を流し込んで、念入りに中を洗浄してから家路についた。

「収穫祭からもう一月くらい経つのか。そろそろ遺跡への狩りの時期だな」

遺跡での魔獣狩りは、一月に一度の頻度で行われている。

なぜその頻度かというと、遺跡の魔獣の数が元に戻るまでの期間が一月ほどだからだ。

主に戦える男連中が朝から集まって、集団で狩りに出かけるのだが。

次回の狩りには僕とエンティア先生、そして護衛としてロハゴスの三人も同行することになっていて、日程が決まれば大工の棟梁を通して連絡が入ることになっていた。

「とにかく今は連絡待ちだな。ラファム、紅茶のおかわりをお願い」

「わかりました」

ラファムがいつも通り、予知していたかのようにティーポットから熱い紅茶を注いでくれる。

最近やっと完成した執務室で、ある程度の雑務を片付けた僕は、一時の休憩を取っていた。

外は暑いが、部屋の中や日陰はそれなりに涼しい。

大渓谷の向こうから涼しい風が吹くこの地の謎気候に感謝しつつ、紅茶の香りを楽しむ。

「やっぱりラファムの紅茶は何度飲んでも飽きない美味しさだな」

「ありがとうございます。ところで坊ちゃま」

「なんだい？」

ティーカップを片手にラファムを見ると、彼女は部屋の扉の前からスッと横に移動し――

ダーーーーーーーーン！

次の瞬間、扉が弾(はじ)けるような勢いで開かれ、一人の男が飛び込んできた。

「坊ちゃん！　大変なんだな!!」

開口一番そう叫んだのは、ロハゴスだった。

ロハゴスはいつもは冷静というか、ぼーっとしているが、その怪力は臣下の中でも随一。

そんな彼の力をまともに受けた扉は、少し曲がっているように見える。

ロハゴスは風体からは想像しにくいが、優しい心の持ち主なのを僕はよく知っている。

さて、彼がここまで無茶をするとは一体何が起こったのだろう。

「どうした、ロハゴス。今日はメディア先生のところに手伝いに行ってたんじゃ……」

「そ、それが。メディア先生の魔植物が大変なんだな！」

魔植物——地下でうごめいていた蔦植物たちのことだな。

だけれどアレの存在は僕とメディア先生と、あとはたぶん既に把握済みのバトレルと被害者の一人のルゴスくらいしか知らないはずだ。

なのになぜロハゴスが知っている？

「大変ってどういうことだ。詳しく話してくれ」

「じ、実はついさっき『外』から誰かがやってきて、農園の囲いにしてる林の先で魔植物たちがそれを捕まえたんだな」

「誰かって……」

「そ、それでメディア先生が坊ちゃんの判断を仰ぎたいから、す、すぐ呼んでこいって」

何がなんだかわからないけれど、地下にいたはずの魔植物たちがなぜか農園にいて、そいつらが素性不明の人を捕獲したってことか？

——捕食、の間違いではないことを祈るしかない。

メディア先生がその場にいるならそこまでの危険はないと信じたいが。

「ラファム！」

「はい、坊ちゃま。準備は整っております」

僕が声をかけると、既にラファムの腕には僕の外出着一式があって、すぐにでも着替えて出かけられるようになっていた。

「ロハゴスはバトレルを探して呼んできてくれ。何かと頼りになるだろう。十分後に玄関に集合して行くぞ」

「わ、わかったんだな」

僕は慌てて飛び出ていく彼の背に、もう一つだけ言葉を投げかけた。

「あと、ルゴスを見かけたら僕の部屋の扉の修理もお願いしておいてくれ！」

そうして慌てて着替え、バトレルとも合流してやってきた試験農園。

風避け（よ）けと柵代わりにタージェルから送ってもらった木の苗を並べて埋（う）めて作り出した防風林（ぼうふうりん）の向こうで、その騒ぎは起こっていた。

「あっ、坊ちゃん。こっちさね」

僕らがやってきたことに気がついたメディア先生が、木の陰から手招きする。

木々のせいでまだその先にいるという魔植物の様子は見えないが、一体何が起こったのだろう。

「メディア先生、何があったんですか？　ロハゴスからは魔植物が何かをやらかしたとだけしか――」

「不審者さね」

「は？」

「農園に不審者の一団が入り込もうとしてたんさよ。それをあの子たちが捕まえてくれたんさね」

彼女はなぜかドヤ顔で言ったが、そもそもあの魔植物がなぜここにいるのか。

その答えは彼女の口から告げられた。

「ちょっとしたアイデアでね。あの子たちにこの農園の警護をしてもらおうと思って地下から連れてきたんさよ」

「いやいや、あの怪しい蔦を地下から出しちゃいけないって言いませんでしたか？」

「聞いてないさね」

どうやら僕の忠告を完全に聞き流していたようだ、なら仕方がない……わけはない。

こんな得体の知れない、危険そうなものを表に出すなんて常識的に考えてだめだろ。

「それにきちんとあの子たちにも話はつけてあるさよ」

「話って……でも今まさに人を襲ってるんですよね？」

「あの子たちはあたしとの約束通り、不審者を捕まえただけさね」

僕は恐る恐る木の陰から顔を出し、うねうねうごめいている魔植物たちの方を見る。

どうやら三本の魔植物が、それぞれずんぐりむっくりした人を一人ずつ蔦で絡めて持ち上げているようだ。

そして根元では別の魔植物が、これまた同じようなずんぐりとしたもう一人の男と戦闘を繰り広げている。

「くっ、みんなを放しやがれ！　このっ、バケモンども!!」

ナイフみたいな短い武器を手にしながら、迫りくる魔植物の蔦を必死に切り払っている動きは、鈍重そうな見た目からは想像できないほど素早い。

だが、複数の蔦が四方八方から襲いかかってくるのを、いつまでも一人で捌けるはずもなく。

後ろから地中を通って忍び寄っていた一本の蔦が、ナイフを持った彼の腕に巻き付き動きを止め、他の二本が素早く彼を簀巻きにしていく。

大声で叫んでいた口も蔦によって塞がれて、「もがもが」といった言葉しか出せなくなってしまった。

「あ、捕まった」

「ナイスコンビネーションさよ」

「さすがにあの攻撃は私でも避けきれませんな」

「お、俺も相手するなら二本が限界なんだな」

彼がどれだけ噛みついても傷一つついた様子のない魔植物の表皮に少しだけ感心したが、今はそんなことを考えている場合ではない。

「メディア先生、あの人たちのことを確認しに行きましょう」

「ああなったら襲いかかってくることもないだろうしね。何者なのかきっちり聞き出すさね」

メディア先生が白衣を腕まくりして、鼻息荒く歩きだす。

「しかし私の知る限り、町のこちら側には大渓谷しかないはずなのですが」

その後ろ姿を見送りながらバトレルが呟いた。

確かに町の裏手に作った試験農園の先には大渓谷しかない。

表側ならタージェルのような行商人や、ごくたまに王国から来る人もいるらしいが、こちら側から来る者などバタラから聞いたエルフくらいだ。

しかし、今まさに植物に捕まっている人たちからエルフらしさは一切感じられない。

「なんだかあの人たち、ルゴスに似てる気がするんだな」

ロハゴスがポツリと呟いた。

もともとこの町にやってくるような人間は、王国にいられなくなった人たちが多いという。

そこにやってきた新たな客。

普通の旅人とは思えない。

しかも正門のある町の表でなく、裏手から侵入しようとしていたわけで。

善人であればよいが、悪事を働いて逃げてきた犯罪者の恐れもある。

それに可能性としては低いだろうが、『魔力回復ポーション』の存在がどこかから漏れて、それを調べに来た間諜（かんちょう）の可能性もある。

その場合は当然、領主として非情な決断もしなければならないだろう。

僕にそれができるのかわからないが、いつかは領地のために自分の手を汚すこともあるかもしれない。

「逃げるな僕っ」

気合いを入れて木陰から飛び出し、メディア先生に続いた。

魔植物たちのもとへたどり着くと、先に向かっていたメディア先生が魔植物たちの中心で小さめの壺を取り出す。

「おー、よしよし。お前たちよくやったさね。ほら餌の時間だよ」

うねうねと動く触手たちがメディア先生に頭（？）を撫でられて、気持ち悪い動きをしていた。

頭というのは触手の先のことを指して言ってみた。そこが頭なのかどうかはわからないが。

ちなみに餌というのは、農園で今使っている、透明になるまでに希釈（きしゃく）した魔肥料である。

ある程度まで成長した魔植物に魔獣の血をそのまま与えるのは少し怖いので、メディア先生には彼らに与えないようにと伝えてあったが、その約束は守られているようで少しだけ安心する。

というか、できればもうこれ以上、魔植物の数は増やさないでいただきたい。

「ひでぇ目にあった」

「まったくなんなんだ、あのバケモンは」

メディア先生の指示で魔植物から解放された男たちの一団は、地面にどっかりと座り込んで疲れ切った表情をしながら文句を口にしていた。

一応安全のためにロハゴスに命じて武装解除させてもらったが、縄で縛ったりはしていない。

それは彼らの見た目やおかしな装備類から、少なくとも国からのスパイではなく、ある種族だと判断したからだ。

僕は改めて目の前に座り込んだ四人の男たちを観察する。

身長は小柄な僕より更に低いのに、横幅はがっしりとした、ずんぐりむっくりの体型。

そして顔の半分を埋め尽くす髭。どちらも本で読んだことのある、ある種族の特徴と一致する。

どうやら彼らはドワーフ族のようだ。

エルフ族がこの町にやってきたことがあるくらいだ、ドワーフ族だってやってきてもおかしくはない。

「あなたたちはドワーフ族ですか？　初めて見ましたよ」

「そうだ、俺たちはドワーフ族。どうやら坊ちゃんが、その化け物を手懐けている集団のリーダーみたいだが……何者だ？」

一団の中でも一番年上のように見える男が聞き返してきた。

全員顔の半分が髭に覆(おお)われているのでわかりにくいが、見えている目元の皺は彼が一番深くて多い。

「僕はこのエリモス領の新しい領主で、シアン＝バードライという者です」

「ほほぅ。あの糞みたいな国は、まだこの土地を諦めてなかったのか」

老ドワーフの目に少し危険な色を感じた僕は、内心焦りながらも平静を装って答える。

「いや、とっくの昔に諦めて、今もなんの干渉もしてこないままですよ」

「そいつぁおかしいな。だったらどうして新しい領主なんざ送り込んだんだ？」

「それは簡単な話です。僕たちも王国からこの地に捨てられた身なので」

僕はこの地にやってくるまでの経緯を簡単に話した。

今はもう過ぎ去った過去であり、この地で楽しく過ごしているが、それでも少し心の奥が痛む。

「話はわかった。自己紹介が遅れちまったが、俺はビアードってモンだ。あとはそこの嬢ちゃんにまとわりついているバケモンのことだが。あれは大丈夫なのか？」

ビアードという名の老ドワーフが顎で指し示した先では、メディア先生が蔦たちに絡み取られて持ち上げられていた。

なんだか彼女の楽しそうな声が聞こえるから、大丈夫だと思う。

「まぁ、危険性はないと思いますが、アレのことについては色々な意味で今は秘密とさせてもらいたいんです。いいでしょうか？」

「まぁ、大丈夫ならいいんだけどよ」

「今度はあなたたちの話を聞きたいのですか。一体どこから何をしにこの町に来たのか、とか」

「ああ、かまわねぇよ。っと、その前にゴーティ」

ビアードさんは了承の返事をしたあと、振り返って一人のドワーフに声をかける。

「ティンのことかい、おやっさん」

「ああ、あの若造、どこかでしょんべんでも漏らして震えているかもしれねぇから、探して連れてきてやってくれねぇか」

どうやら彼らの仲間はもう一人いて、騒ぎのどさくさで行方不明になっていたようだ。

「かまわねぇかい？」

ビアードさんの確認に頷くと、ゴーティと呼ばれたドワーフは、すぐ立ち上がり砂丘の方へ歩いていった。

「さて、それで俺たちがこの町に何をしに来たかだったよな？」

「最初は国から送られてきたスパイとか、僕の命を奪いに来た刺客かもと思ったけど、ドワーフ族が人間の国のためにそんなことをするとは思えないですからね」

「違(ちげ)ぇねぇ。まずはこの髭に誓って、俺たちはこの町の人たちを害しに来たわけじゃねぇってことを伝えておくぜ」

ドワーフの髭の誓いというやつか。

ドワーフ族にとって長い髭は命も同然。

もしその誓いを破るようなことがあれば、髭の全てを剃(そ)り落とされ、一族を放逐されると本に書かれてあったのを思い出す。

「たぶん町の奴らに聞いてもらえれば俺が嘘を言ってないことがわかると思うけどよ。俺たちは昔から時々この町にやってきては交易をしとる」

「交易？　そんな話は聞いたことがないけど……」

「それじゃあ、あいつらは俺たちとの約束を今でも守ってくれてるんだな……今更隠しても仕方ねぇし、お前さんなら話しても問題なさそうだ」

ビアードさんが教えてくれた内容は次の通りだ。

彼らドワーフは昔からこの町の人たちと交易をしていた。

しかし二十年ほど前に国が大渓谷の開発に大々的に乗り出すと、彼らは大渓谷の奥に逃げ込んで人間たちの行う蛮行を遠巻きに見ていたらしい。

一体国が大渓谷で何をしたのかは、僕もよく知らない。

「資源を採掘するために多数の人たちを送り込んだ結果、失敗した」としか、どの書物を読んでも書いていないからだ。

ビアードさんは国の連中がしたことについて、次のように語る。

「簡単に言えば、あいつらは大渓谷の上からガンガン魔法をぶっ放してきてよ。昔からあそこに住んでた生き物たちがドンドン殺されていったのよ」

そして大渓谷の主の怒りに触れて、大きな損害を被った結果、国は開発から手を引いたそうだ。

同時に必要性がなくなったこの地からも。

「大渓谷の主って？」

「それは言えねぇな。俺はまだアンタをそこまで信用してねぇからよ」

かなり興味を引く話だったが、それ以上教えてくれそうにはない。

僕は話題を変え、本筋に戻した。

「それで、交易は国が撤退してから再開したわけですね」

「実際にはその間にもこっそりと交易はしてたんだけどな。国の監視の隙間を縫って運べる品の数はそう多くねぇからよ。ジリ貧だったぜ」

こうして、彼らの交易は秘密裏に行われるようになった。

窓口になる数人の町人以外は彼らのことを知らず、そしてそのことを誰にも言わない。

「正直もう王国がちょっかい出しに来そうな気配もなかったからよ。公にしてもいいんじゃねぇかって話もあったんだが、念のためにと用心していたのさ」

結果的に僕でよかったけれど、他の碌でもない貴族が送られてくる可能性もあったわけで。

彼らの判断は間違っていなかったのかもしれない。

「ところで、その交易品とはなんですか？」

「おう、これよ」

彼は背中に背負ったリュックをどかりと地面に置いてその口を開ける。

「これは……石？」

「ははは、領主様にゃこのままじゃわかんねぇか。ちょっと見てな」

ビアードさんは豪快に笑いながら、リュックから石を二つ取り出すと、一つを地面に置き、もう一つを持った手を振り上げてから振り落ろす。

ガキーン！

石と石がぶつかり合う音が響き、両方とも真っ二つに割れ、割れ目から綺麗に輝く石が見える。

「これは宝石ですか？」

「そうだ。この町の連中は岩石の中から出てくる珍しい宝石だって言ってたな。俺たちにとっちゃ見慣れたもんだったんだけどよ」

この宝石をどうやって捌いているのか。

タージェルが関わっているのは間違いなさそうだけれど、ドワーフ族との約束を守って、僕にすらそのことを秘密にしていたのだろう。本当に真面目な男である。

「まぁこっちはどちらかというと、おまけみたいなもんでよ。本命はこっちだ」

ビアードさんが後ろで控えていたもう一人のドワーフに別の荷物を持ってこさせ、口を開いた。

その中には――

「これは剣……こっちは鍬（くわ）かな」

「おうよ。あの町で使う道具だ」

町の人々が魔物狩りに出かける時に使う装備一式や農具は、どうやら彼らが作ったものらしい。

ドワーフが作った武器や防具は、普通の人間が作るものより強力だと書物には書いてあった。

町の人たちが魔獣狩りを行える理由の一つは、そこにあったのか。

「それで、これを何と交換しているんです？」

「決まっているだろ」

「まぁ、僕が知っている限りの知識だと……お酒ですか？」

「そうだ、正しくはこの町で作られているサボエールだな」

サボエール。

僕も収穫祭で少し飲んだ、昔から作られているお酒である。

砂漠に生えている植物、サボを原料に作られたお酒で、かなり苦みがある。甘いお酒しか飲めない僕は一口しか飲むことができず、酔っ払いたちにからかわれたりした。

ドワーフ族のお酒好きは有名だが、無機物の工作においては右に出る者がいない彼らは、なぜか有機物を加工するのは苦手らしい。

自らの手では美味しいお酒が作れず、他の種族に材料だけ渡して頼んで作ってもらうことがほとんどだという。

それで彼らは危険を冒してでもこの町にやってくるのだ。

僕はロハゴスに、彼らの装備を返すように伝えてからビアードさんに話しかける。

「こんなところでいつまでも話している内容でもなさそうですし、これから皆さんを領主館にご招待させていただきたいのですが」

「そうだな、ちょうどゴーティも若造を拾ってきたようだし、いいぜ」

振り返ったビアードさんの目線の先、砂の舞い散る中を一人のドワーフが、別の男を背負ってやってくるのが見えた。

さて、彼らを巻き込むことができれば、この町はもっともっとよくなっていくはずだ。

僕は両手で拳を作り、ぐっと気合いを入れてから、バトレルの案内で町に向かうドワーフたちのあとを追うのだった。


そして、その場に残されたのは……

「あれ？　餌やり終わったら誰もいないさね」

メディア先生だけだったという。

「ほほう、この門、前に見た時より随分と綺麗になってるな」

「家臣に腕のいい職人がいましてね。彼と、地元の大工たちの協力のおかげでここまで修復できたんですよ」

僕は立派な意匠（いしょう）が施された門を見上げながら説明する。

そういえば最初は門すらまともに開かなくて、ロハゴスが力ずくで開けたんだっけか。

「こいつぁなかなかの腕だ。特にここの細工なんざ、ドワーフの村でもここまでできる奴ぁそうそういねぇ」

「確かにこいつぁ凄(すげ)ぇな。俺でもここまでは無理だ」

「ふむ、確かにこの細かさの中にあるダイナミックさ。まるでおやっさんの作品みたいだぜ」

「人間族にも凄(すげ)ぇ奴がいるもんだな」

「俺には無理っす」

ドワーフたちが門の前に群がり、そんな会話を始める。

ドワーフは職人気質(かたぎ)だと聞いてはいたが、これは思った以上かもしれない。

一つ一つ観察し始められたら、いつまで経っても館にたどり着けないのではないか。

「おーい、坊ちゃん。聞きてぇことがあんだけどよぉ」

どうやってドワーフたちを移動させようかと悩んでいると、館の方から聞き慣れた声がして、一人の男が駆けてくるのが目に入った。

あれは先ほどからドワーフたちが品評している門を作った、噂の天才ルゴスだ。

「ルゴス、ちょうどいいところに来た」

僕は彼に向かって大きく手招きすると、傍らで「あーだ」「こーだ」と議論を繰り広げていたドワーフ五人組に声をかける。

「今、館から出てきたあそこの男が、その門の大部分を作った我が家の家臣ですよ」

「何っ、本当か？」

ドワーフたちが一斉に門から顔を館の方に向ける。

そして、館からこちらへ向かって来ていたルゴスと目が合った。

「げっ」

途端にルゴスはその場で急ブレーキをかけて立ち止まると、今度はくるりと百八十度回転して館の方へ走りだした。

「おめぇ……ルゴスじゃねぇか——って、待ちやがれ！」

すると、突然怒鳴り声を上げて追いかけだすビアードさん。

「えっ、なんで名前を……ルゴスとビアードさんは知り合いなんですか？」

その場に残った四人に尋ねると、若造と呼ばれるドワーフ以外の三人が顔を見合わせてから、教えてくれた。

「ありゃあ、随分前に家出したまま行方不明だったおやっさんの息子さんだ」

「息子って……えっ、でもルゴスってドワーフじゃないはずですけど。髭だって無精髭しかないし」

「まぁ、あの子は混血だからな。そこら辺は母親の血を受け継いだんだろうさ」

「しかし、おやっさんの息子だったらこの門の出来にも納得が行くな」

唖然としている僕を放置して、四人はまた門について議論をし始める。

ビアードさんは放っておいていいのだろうか。

「と、とにかく僕はルゴスとビアードさんを追いかける。バトレル、ここは任せた。あとで応接室で会おう」

「承知しました」

とりあえずルゴスたちが走っていった館の裏を目指して走りだす。

ルゴスがドワーフの血を引いているという話は初めて聞いた。

確かに身長もそれほど高くなく、それでいてがっしりした体はドワーフっぽいと言われればそうかもしれないが、長い髭がないせいでそのイメージを重ね合わせられなかった。

混血ということは、この町の住人とビアードさんとの間の子供だったりするのだろうか？　だとすると、母親って誰なんだ。

あと、大渓谷の中にあるらしいドワーフの村から家出したということは、ルゴスもあの大渓谷出身ということになる。

なぜ話してくれなかったのかと思いつつ館の裏に駆け込むと、角に追い詰められて逃げ場をなくしてしまったルゴスと、逃すまいとじりじり近寄っていくビアードさんの姿があった。

「ルゴス、久しぶりじゃねぇか。元気そうで何よりだ」

「アンタこそ、もうとっくにくたばったもんだと思ってたぜ。まさかアンタがまだこの町に出張ってきてるなんてな」

「当たり前だ。俺を誰だと思っていやがる。そう簡単にくたばるわけねぇだろうが」

「けっ、女の尻を追っかけて大渓谷の底にでも落ちてりゃよかったのによ」

感動的な久々の家族の再会という感じではない。

特にルゴスはビアードさんをかなりきつく睨んでいて、その表情からは殺気すら感じる。

これは危険な兆候だ。

「ビアードさん、ルゴス」

僕はその空気をなんとかしようと二人の間に進み出る。

迫力のある二人に挟まれて、内心はかなり逃げ出したい気持ちで一杯だった。

けれど、ここで逃げるわけにはいかない。

「坊ちゃん……」

「領主さんかい。突然走りだしてすまなかったな」

「そんなことは気にしなくていいんです。久々の家族の再会だったんでしょ？」

僕がそう口にすると、ルゴスの顔があからさまに歪む。

やはり彼は父親と、なんらかのわだかまりがあるようだ。

「あいつらに聞いたのか」

「ええ、ルゴスがあなたの家出した息子さんだってことと――」

そこまで言いかけたところで。

「自分が混血だってこともですかい？」

ルゴスが低い声で会話に混ざってきた。

僕が無言で頷くと、ルゴスは「そうですか」とだけ呟いてうつむいてしまった。

もしかしてよっぽど知られたくなかったことだったのだろうか。

「ルゴス、僕はルゴスが混血だって知っても、何も気にはしないよ」

「……」

「正直、さっき話を聞くまでまったくわからなかったよ。髭もないしさ」

「……髭は昔、頑張って生やそうとはしたんですがね……無精髭程度で長さが止まっちまって」

生やそうとしたって、育毛剤みたいなものがあるのだろうか。

「そういうところはあいつに似たわけだ」

空気を読まずにビアードさんが大声で笑いだす。

すると、ルゴスがビアードさんを睨みつけて言った。

「そんなんだから嫁に逃げられんだよ」

「ああっ⁉　俺は別に逃げられちゃいねぇぞ。ただあいつが勝手に勘違いして出てっただけだ」

「酔った勢いで他の女に手を出したせいだって聞いたぞ」

「だ、誰がそんなデマ流しやがった！　俺は尻をちょっと触っただけでなぁ」

「やっぱり本当だったんじゃねぇか」

二人は一瞬黙り込んだかと思うと……いきなり殴り合いを始めた。

パワーファイター同士の殴り合いに、騒ぎを聞きつけた家臣が集まってきて、ドワーフ連中や大工たちにいたってはそれぞれルゴスとビアードさん側に分かれ煽り始める始末。

「これは両方倒れるまで止まらないな。バトレル、メディア先生を呼……そういや農場に置いてきちゃったな」

「では農場に行って呼んでまいります」

「ああ、頼む」

結局二人は、バトレルから話を聞いてやってきたメディア先生が地下から持ってきた、見たこともない形の魔植物二本によって絡み取られるまで殴り合いをやめなかったのだった。

いやはや、ドワーフ族のスタミナと頑丈さって半端ないと感心すると同時に、知らぬ間にまた増えていた魔植物については、きっちりとメディア先生から話を聞かせてもらわなければなるまいと心に誓うのだった。

◇　◇　◇

「どわーっはっはっは、お前そんなことやってたのか。相変わらずバカだな」

「バカたぁなんだバカたぁよ！　んなことよりテメェこそ、お袋を迎えに行くって言ってたろ。ありゃどうなったんだよ」

「ああん？　この前何回目になるか忘れたがあいつのとこに行ったけどよ、また一ヶ月くらい道に迷ってたどり着けなかったから帰ってきたとこだ」

「もう少し準備してから行けよクソ親父が。お前こそバカだろ」

今、屋敷の中では盛大な酒宴が行われていた。

あのあと暴れる二人を魔植物で拘束したはいいが、それでもいがみ合う二人をどうしたものかと頭を捻っていると、ドワーフ族の一団から、物静かなスタブルという男が近寄ってきて解決方法を教えてくれた。

それが——

「酒宴を開いてお酒を飲ませまくったら、本当に仲が回復した……のか？　これ」

相変わらず罵り合っている風に聞こえるが、口の悪い仲良しさんが語らっているだけのように見えなくもない。

僕は空になりかけていた果実酒とサボエールの樽に、お酒を継ぎ足しながらそれを眺めていた。

ちなみにサボエールは、収穫祭の時に一応コップに取り込みだけはしておいたんだよな。それが役に立った。

僕は苦手なので飲むことはないが。

「しかし領主の坊ちゃんのその力はうらやましいですな」

「本当っす。その力があれば、いつでもどこでもサボエールが飲み放題っすからね」

ドワーフのゴーティと、若者ティンが、樽の中にコップでお酒を注いでいる僕の手元を見ながら、心底うらやましそうな声を上げる。

二人は空になったジョッキを手に持っている。髭でわかりにくいが、その合間から見える顔は既に赤くなっていて、かなり酔いが回っているようだ。

「その分魔力がなくなっちゃいますけどね。あ、そういえばドワーフの皆さんに聞きたいことがあったんですよ」

僕はある程度樽の中にお酒が溜まったのを確認してから、今度は二人のジョッキにコップで直接サボエールを継ぎ足しながら尋ねる。

エルフやドワーフをはじめとする、いわゆる亜人種のことは、国の書物に書かれた少しの情報しか知らない。

単純にこの国内に亜人種がほとんどいないから研究者も興味がないのか、それとも情報が意図的に消されているのかはわからないが、今なら色々聞き出せそうだ。

「ドワーフ族って女神様から力を与えられなくても、生まれた時から魔法が使えるんですよね？」

「魔法？　ああ、土魔法なら使えるぞ」

「今度見せてもらいたいんですがいいでしょうか？」

「かまわんですぜ。今見せるから——」

そう言って何かやろうとしているゴーティに、慌てて僕は制止の声をかける。

「いや、あとでいいですって」

「そうか？」

こんな室内で土魔法を放たれては、またルゴスたちの仕事が増えるだろう。

僕は王都で一度だけ見たことがある土魔法使いの魔法を思い出し、冷や汗をかく。

「せっかく一番凄いのを見せて度肝を抜いてやろうと思ったんだけどなぁ」

「ゴーティさん、それやばいっす。館が吹き飛んじまうっす」

ひぇぇ。

止めて正解だった。

「もう一つ聞きたいんですけど、ドワーフ族って今もあの大渓谷に住んでいるんですか？」

「そうさな、俺たちの一族は大渓谷の真ん中くらいに穴掘って採掘しながら、底に村を作って暮らしてる」

「大渓谷に村があるなんて想像もしていませんでしたよ」

王国が全力を挙げても開発できず、強大な魔獣たちに追い返されたと聞く大渓谷。その中で暮らす種族がいるなんて、誰も思わなかったに違いない。

「おめぇさんたちは魔獣だなんだと恐れてるけどよ。こっちから襲わなければ大抵の奴はおとなしいもんよ」

「そうなんですか？」

「ああ、でもまぁたまに俺たちを餌だと思って追いかけてくる奴もいるけどよ」

ゴーティはジョッキをあおって一気に中身を飲み干すと「まぁ、そん時ゃ土魔法でぶっとばしゃ終わりだ」と自慢げに髭を揺らす。

その後も僕は彼らにお酒を注いで回りつつ、酔って軽くなった口から貴重な情報を聞き出していった。

なんだか微妙に悪いことをしている気持ちになったが、別に情報を悪用するつもりはない。

ただの好奇心と、領地のために彼らの力が使えないかと考えていただけだ。

「あとは、前人未踏の大渓谷の中とか、めちゃくちゃ気になるしな」

僕は酔い潰れて床に寝転がって大いびきをかいているドワーフたちとルゴス、そしていつの間に巻き込まれていたのか一緒になって眠っているロハゴスの姿を見ながら独り言を言い、一人コップから果実酒を喉に流し込んだのだった。

◇　◇　◇

翌日、昨夜あれだけ飲んだというのに、ドワーフたちは二日酔いの気配を一切見せず応接室にやってきた。

僕は彼らと、簡単な商談をした。

この先、彼らからは大渓谷で採れる素材や、ドワーフの技術で作った品々を受け取り、そしてこの町からはサボエールをはじめとした酒類を渡す。

他にも魔獣の肉を乾燥させて作ったツマミ用ジャーキーなども交易品に加えることとなった。

ちなみに、今後は僕が主導でドワーフと交易することになった。今まで彼らと取り引きをしていた町の人たちの了承は、ビアードさんの方で取ってくれている。朝方に赴(おもむ)いて事情を説明したのだそうだ。

「とりあえず今度来る時までには砂上靴を十足用意しておく。履く奴の足に合わせる調整は必要だけど便利だぞ」

ビアードさんが言うと、ゴーティが続ける。

「修理の仕方とか調整方法とかは、ルゴスの坊ちゃんに教えておくんで」

「坊ちゃんとか呼ぶのやめてくれ。俺はもういい歳なんだし、何よりシアン坊ちゃんと被っちまわぁ。なあオヤジ」

ルゴスが困った顔をしながらビアードさんに同意を求めた。

いや、僕もできれば坊ちゃんとか坊ちゃまって呼び方をそろそろやめてほしいのだけれどね。

そう思いつつも、お酒の席のおかげか、あれだけ険悪だった親子仲がよくなっているのに水を差すようなことは言えなかった。

商談がまとまり、続いて僕たちは町の外に出る。

「それじゃあ行きますぜ」

「ああ、やってくれ」

昨夜ゴーティが宣言した通り、度肝を抜く土魔法を見せてくれるらしい。

ビアードさんからあとで聞いたのだが、このゴーティ、実はドワーフ族の中でも最強の土魔法の使い手らしい。

面倒見がよく、酒さえ入らなければ冷静に物事を対処できる彼は、次期族長候補だとビアードさんがこっそり教えてくれた。

ちなみに、今の族長はビアードさんではないとのこと。

僕はてっきり彼が族長なのだと思っていたのだが、彼は嫁の家に行こうとしてよく留守にしたり、酒を飲むと面倒な性格になるので全会一致で却下されたのだそうな。

まぁ本人もやる気はなかったようで、今では酒の席での彼の持ちネタになっているらしい。

「むんっ!! グレートウォーーーーーーーーーーーーーールッ!!」

ゴーティの雄叫びと共に、僕たちの目の前の地面が少し揺れたかと思うと、突然その部分が盛り上がった。

ぐんぐん高さを増していくそれは、まさに壁。

グレートウォールの名にふさわしい、見上げんばかりの壁が一瞬で出来上がったのだった。

「凄い。王国にいた貴族の土魔法なんて、これに比べたら子供だましも同然じゃないか」

貴族が使う土魔法は、僕が知る限り人一人くらいの高さの壁を作るのが精一杯だった。

今目の前でドワーフ族が作り上げたものは、まるで城壁と言ってもいいレベルである。

「ははっ、これだけの力があったら大渓谷でも生きていけるはずだ」

昨日の彼の言葉通り度肝を抜かれた僕は、頬を引きつらせながらそう言うしかなかった。

ゴーティによる土魔法披露(ひろう)のあと、彼らは今回持ち帰る荷物をまとめるために館に戻っていった。

魔法により作られた壁は、ドワーフたちによってすっかり綺麗な平地に戻されていて、とんでもない魔法が使われた場所とはもう思えない状態である。

「しかしドワーフの魔法があんなに凄いものだったなんてね」

あの力を使わせてもらえるなら、デゼルトの町、そしてエリモス領をもっといいところにできるはずだ。

彼らとの出会いは、魔植物の暴走という困ったものだったが……今ではメディア先生が魔植物をあそこに移植したことが、偶然だとしてもいい結果を生み出したことは認めざるを得ないだろう。

魔植物がドワーフたちを捕獲しなければ、きっと彼らはいつものように秘密裏に町との交易を終えて帰っていったはずだからだ。

本当はあんな怪しい植物を外に出すなんて、と説教しようと思っていたが、今回はやめておこう。

しかし地下でまた魔植物を増やしていた件だけは、問い詰めなければなるまい。

そんなことを考えながら、僕はロハゴス一人をお供に町の中心にあるオアシスへ向かっていた。

最近は毎日やらなくてもよくなってきたが、それでもたまには泉への水の補充をしないと枯れてしまう状況は変わっていない。

「これも原因を探らなきゃいけないけど、どうすればいいんだか」

国による大渓谷開発計画が終わってから、水位の減少は顕著になり始めた。

その情報にドワーフたちの話を総合すれば、もしかすると国による大渓谷への魔法攻撃で大渓谷の主が怒ったことと、何かしら関係があるのではなかろうか。

「そこら辺も含めて一度大渓谷に行ってみないとな。ドワーフたちに案内してもらえば危険は少なそうだし」

なんと言ってもあれだけの魔法を使える集団である。

今回の魔植物相手のように人質を取られ、動きをいきなり封じられるようなことがなければ、あの魔植物でさえ本来なら魔法で一発でやられていたはずだ。

ある意味、魔植物たちは命拾いしたとも言える。

歩いていると、正面から白いシルエットの女性が額に汗しながら必死な表情で走ってくるのが見えた。

「あ、あの白衣はメディア先生なんだな」

僕より遠目の利くロハゴスがそう口にする。

運動が三度の飯より苦手なあのメディア先生が全力疾走してくるとは、一体何があったのだろう。

僕らは急いで彼女のもとまで走り寄ると、声が届くくらいまで近づいたところで彼女が叫んだ。

「はぁはぁ……坊ちゃん、大変なんさよ！　早く農場に来てほしいんさね！」

◇　◇　◇

『お前がこの地に新しく就任したという領主か』

農場に着いた僕は今、空に浮かんでいる巨大な魔獣の姿を見上げてぽかーんと呆けていた。

その巨大な魔獣は全身の茶色い毛を逆立て、尻尾をゆっくり振りながら僕を睥睨している。

大きな口に鋭い牙が並び、凶暴な外見を更に凶悪に見せている。

巨大魔獣は、突然なんの前触れもなく現れて、その場にいたメディア先生に「この町の代表者を今すぐ呼んでこい」と吠えたらしい。

「はぁ、まぁ僕が今の領主ですが。あなた様は一体？」

あまりの現実味のなさに、僕は少し正気を失っていたのかもしれない。

気の抜けたようなその返答に、一瞬巨大魔獣の額に皺が寄るのが見えた。

もしかして怒らせてしまったのだろうか。

『ふむ。お主のような小童が領主とは真なのだろうな？』

「はい。成人を迎えたばかりですが、間違いなくこの地の領主を拝命した者です」

『ほう、成人済みだと？』

いぶかしげな目で僕を見る巨大魔獣。

そしてしばらく僕を観察したあと、少し納得行かない顔をしつつも『ううむ。確かに女神の力は感じるな』と唸る。

「ええ、僕は女神様から神具を授かって今この地にいます」

『町の中には他に女神の力は感じぬ。確かにお主が領主で間違いないようだな』

魔法を使える者ならドワーフたちが今も町にいるはずだが、あの力はやはり女神様から授かったものではないようだ。

「はい。この地に貴族は僕一人しかいません。それで、本日はどのような用件でしょうか？」

『うむ。では心して聞くがいい』

そう前置きして巨大獣は語り始めた。

『我はお主らが【遺跡】と呼ぶダンジョンの主である』

「ダンジョン？　そういえば昔本で読んだことがあります。確か魔獣の巣の別名だとか」

『巣という言い方は気に食わんが、魔獣たちが棲みついている場所というのは間違ってはおらぬ』

巨大獣はその遺跡——ダンジョンを、自らの力で形成しているらしい。

そして、そこに棲む魔獣たちは、彼から漏れ出した魔力によって生み出された、もしくはどこからか魔力の波動に惹かれてやってきたのだそうな。

「そんなとてつもなく偉大な、魔獣の王のような方がなぜこの町に？　もしかして領民たちが遺跡で狩りをするのをやめさせに来られたとかでしょうか？」

『それは別にかまわぬ。むしろ上層の掃除を毎回してくれて助かっておる』

「では何を？」

『この地じゃ』

「それって……農園のことでしょうか？」

『そうじゃ。この地から魔獣の血の気配がする。もしや魔獣の血を使うておるのではなかろうな？』

魔獣の血を使って土壌改良をしているのが、彼には気に入らないのか。

確かに同族の血を何かに使われるのは気持ちのいいことではないだろう。

だが、巨大魔獣が口にした言葉は、そんな僕の考えよりもっと重いものだった。

『かつてこの国の者共は我ら魔獣の血を欲し、その結果幼き我の目の前で全てを滅ぼした。あの悲劇をまた繰り返させるわけにはいかぬ』

その昔、王国が行った大討伐。

それは民の命を守り、国内の安全を確保するために行われたと書物には書かれていた。

だが、今彼が口にしたことが本当であるなら、あの大討伐の真の目的はやはり魔獣の血の収集だったということになる。

魔獣の血の力を知った今の僕には、それを否定することはできない。

そして彼が大討伐の生き残りだとするなら、その憤りは正当なものである。

だが、僕はここで退くわけにはいかない。

不毛の地を救うための道。

その方法がようやく見つかったところなのだ。

今更他の手段なんて思いつかない。

だからここから先は、彼からどれだけ妥協案を引き出せるか。

そういう交渉になるだろう。

彼の逆鱗に触れたら、すぐにでも僕はあの口にずらりと並ぶ鋭い牙の餌食になるかもしれない。

しかし交渉もせずに諦めるわけにはいかない。

「申し遅れましたが、僕の名前はシアン＝バードライと申します。ところであなた様の名前も教えていただきたいのですがよろしいですか？」

『ふむ。我の名はシーヴァ。魔獣シーヴァだ』

「ではシーヴァ様。確かにこの農園は魔獣の血で作った特殊な肥料を使っております」

僕の言葉にシーヴァは鼻先に皺を寄せ、あからさまに不快そうな表情を見せる。

「そして魔獣の血の力は、不毛の地を植物の茂る地に変えるために必要なものなのです」

『それはお主らの都合であろう？』

「はい。それは重々承知の上で頼みたいのです。この地を緑豊かにするために、魔獣の血を少しだけ使うのを許していただきたい」

『人間という者は皆最初は少しだけ、必要なだけと口にしながら、いつしかその欲望に負けて全てを奪い尽くそうとする』

それはあの大討伐のことを言っているに違いない。

当事者でない僕には、王国の歴史の奥に封印された真実について、口出しする資格はない。

そうだとしても僕は。

「守ります」

『守るとな？』

「はい、僕があなたのダンジョンを王国から守ります」

『ははは っ、こいつは傑作だ。お主のような木っ端領地の小童が我らを守るだと？』

シーヴァは心底馬鹿にしたような笑い声を響かせた。

僕はそれに対してただ淡々と言葉を紡ぐ。

「いずれ近いうちに、王国があなた様のダンジョンの存在に気づく日が来るでしょう」

今はまだ王国の目はこの地から離れたままだ。だが、僕がこの地を改革していけば、自然と注目は集まりだすだろう。

『そしてまた愚かな行為を繰り返す……というのか？』

「そうです。魔獣の血を求めて、彼らはきっと動きだす。僕がその前に立ちはだかりましょう」

『大口を叩くな、小童』

シーヴァの目から嘲りの色が消え、代わりに浮かんだのは怒りだ。

「今はまだ方法は思いついていません。ですが命をかけて守りぬくことはお約束します」

僕はその目を強い意志を持って見返す。

しばしの沈黙。

僕にとっては永遠にも思える時間だったが、実際は数瞬のことだったかもしれない。

突然シーヴァはその巨体をもたげると僕に向けて告げた。

『わかった。ではお主の力と知恵を試してやろうぞ』

「試す？　試験……ということでしょうか」

『ああ、むしろ試練と言った方が正しいがな』

シーヴァは何やら少し嬉しそうに口元を歪めて言葉を紡ぐ。

『内容は簡単だ。我が砂のダンジョン最下層まで、お主の持つ全ての力を使いたどり着け』

「全ての力といいますと？」

『お主の神具、そして知恵と人脈全てだ』

なるほど。

守ると言うなら力を示せというわけか。

「例えばこのコップでダンジョンの中を全て浸水させて、魔獣を全滅させてから向かっても？」

『……水没したとして、最下層まで潜ってこられるのかお主は』

「一月くらいすれば、水は抜けるのではないかと」

『その間にまた新たな魔獣が生まれているだろうとは考えぬのか？』

「確かに」

この作戦はだめか。

『お主に無限の期間を与えると碌なことをしなさそうだな。よし、期限は一ヶ月後までとする』

「一ヶ月後ですか」

『それまでに最下層にいる我のもとにどんな手段を使ってでもたどり着けば、お主の力を認めよう』

今の僕の力と、領民たちの力でどこまで行けるのか。

確か彼らも地上と地下二階程度までしか下りたことがないと言っていたが、その下は一体どこまで続いているのか。

「シーヴァ様のダンジョンは地下何階まであるのでしょうか？」

『普通は教えんのだがな。いいだろう、今回は特別に伝えておく。地下十階だ』

十階。

これはなかなかまともに突破するのは難しいかもしれない。

ならば違う手段を考えるべきだろう。

そのためにはまだまだ情報が必要だ。

幸いシーヴァは僕が最下層まで到達できるはずがないと高を括って油断している。

「質問なのですが、ダンジョンは一体どうやって作られたのでしょうか？」

『もちろん我自身が砂や土を魔力で固めて、長い年月をかけ作ったに決まっておろう』

頭の中に、空を覆って（おお）いるこの魔獣が、コツコツとダンジョンを自ら作っている姿が浮かぶ。

『中層階以降はかなり力を入れて作った迷路構造になっておるから、せいぜい楽しむがいいぞ。もちろん下層に進めば進むほど、ダンジョンの中に棲む魔獣は強者となっていくがな。ぐわっはっはっは』

迷路か。

この巨大魔獣は無駄に凝り性（こしょう）のようだ。

それに下層には強い魔獣がいるとすると、本当にまともに進める気がしない。

しかも期限は一ヶ月しかない。

こうなったら、あの方法にかけてみるしかないな。

そしてそのために必要な情報を聞き出すべく、更に質問を投げかける。

「もう一つ質問なのですが、シーヴァ様は最下層のどのあたりにいらっしゃいますでしょうか？」

『ん？　意味がわからぬが……答えてやろう。中央に作った広大な王の間に我はおる』

「中央ですか。やっぱり、王の間の周りには強い魔獣が？」

『無論だ。強力な魔獣たちが、我のあふれ出る魔力を求めて徘徊（はいかい）しておる。人間ごときが簡単に突破できると思うなよ』

　正直、これは思った以上に危険な賭けかもしれない。

　でももう他に選択肢はないのだ。

　賭けに勝たなければ未来はない。

　万が一にも負けたなら、目の前の巨大魔獣に町ごと滅ぼされてしまうかもしれないのだ。

　更にしばらく会話したあと、魔獣シーヴァは空に溶け込むように姿を薄め、元から何もなかったみたいに青空だけを残し消え去った。

　どうやら上空に浮かんでいた姿は、彼が膨大な魔力により映し出した幻影だったらしい。

『無謀な小童よ。我はダンジョンの最奥で待つ』

　そんな言葉だけが残された。

　彼が消えた青空を見上げながら、僕は近くでことの成り行きを見守っていたメディア先生とロハゴスに声をかける。

「話は聞いていたな？」

「もちろんさね」

「あ、あんな恐ろしい化け物を見たのは初めてなんだな」

　僕は目線を空から二人に移動させると、安心させるように言う。

「大丈夫。僕にいい考えがあるんだ」

シーヴァとの会話で得たヒントを元に考えた作戦。

それが実現できれば、一ヶ月ではなく一日で彼のもとにたどり着ける。

だが、その案が通じるかどうかはやってみないとわからない。

もし通じなければ、それこそこ町の住人と家臣団全てを動員して遺跡のダンジョンを正攻法で攻略するしか手がなくなるだろう。

「メディア先生は、今残っている魔獣の血を使って魔力回復ポーションをできるだけ作ってください」

「い、いいのかい？　そんなことをしたら、あのシーヴァって魔獣が怒るんじゃないかい？」

「彼は言っていました。上層部の魔獣を処理するのはかまわないと。これは魔獣と僕らの価値観の違いかもしれませんが、同族や仲間という意識が彼らにはあまりないのかもしれません」

本当にシーヴァが人間を憎んでいるなら、こんな町なんて、とっくの昔に滅ぼされているはずだ。

それをしていないということは、彼にとって自分の脅威にさえならなければ、人などどうでもいい存在だということなのだろう。

今回出張ってきたのは、遺跡のことを知った僕が彼の脅威になりそうだったからに違いない。

なんだかんだと理由をつけてはいたが、結局彼は僕たちを恐れているのかもな。

「ロハゴスは町の狩人たちを集めて、可能な範囲で装備を整えてやってくれ。確か館の地下倉庫に色々と昔の装備が眠っていたはずだ」

ドワーフたちが作り上げた装備に敵うとは思えないが、全員が全員ドワーフ製の武具を持っているわけではないだろう。

「わ、わかったんだな」

駆けだす二人を見送りながら、僕は自分の両頬をパシンと一つ叩いて気合いを入れ直す。

「さて、それじゃあ僕も動くとするか」

僕は畑に生えたストロの実を一つもぎ取って口に放り込む。

甘酸っぱい香りと味が口の中一杯に広がり、緊張を解きほぐしてくれた。

「待ってろよ、シーヴァ。絶対に僕を認めさせてやるからな」

僕はこの味を、ひいてはこの地を守りたいと改めて思い直し、町へ戻る道を歩きだすのだった。

◇　◇　◇

「来ちゃった」

『……』

僕と遺跡攻略の同行者は今、数日前に試験農園で対峙したシーヴァの前に立っている。

約束通りダンジョン最下層にたどり着いたというのに、当の彼は口をあんぐり開けたまま微動だにしない。

あの日、空に映し出された姿よりは小さめだが、それでも大きな王の間の半分を埋め尽くすほどの巨体である。

その大きな口で襲われたら、今この場にいるみんなは一瞬で食い殺されるに違いない。

だが、いつまでもこうして呆ける彼を眺めているわけにもいくまい。

僕は思い切って、もう一度彼に話しかけてみることにした。

「どうしましたか？　約束通りあなたのもとに、このシアン＝バードライがやってきたというのに」

『……ば……』

「ば？」

『ばっかもおおおおおおおおおおおおおおおおおおおおん!!』

突然の咆哮だったが、それを予想していた僕たちは全員両手で耳を押さえ無事にやりすごす。

それでもその咆哮の起こした風圧で少し後退ってしまう。

『お前っ、これどうしてくれるのじゃ？　ねぇ、ねぇ。どうするのじゃこれ！』

叫びながら鋭いかぎ爪で天井を指さすシーヴァ。

かなりご立腹なようで、先日の威厳はどこかにすっとんで素みたいなものが出ていた。

「どうすると言われましても。僕らは申し付け通りシーヴァ様のもとまでやってきただけですが？」

『そりゃ確かに来いって言ったよ。言ったけどさ』

シーヴァは涙目で天井を見つめる。

彼の見つめる先にはぽっかりと大きな穴が開いていて、その穴の遥か上にはダンジョンの外。綺麗に晴れわたった青空が覗いていた。

「一階一階下りていたのでは間に合わないと思い、ドワーフ族の皆さんに手伝ってもらって直通路を作りました」

『貴様ぁぁぁぁっ!! 我が一生懸命長い時間をかけて作ったダンジョンを、なんだと思っているのじゃぁぁぁぁぁぁ!!』

大声を上げてその場でジタバタ暴れだすシーヴァは、まるで駄々っ子のように見えて少し可愛いと思ってしまう。

正直に言って、ドワーフ族の土魔法がこのダンジョンの床をぶち抜けるかどうかは賭けだった。無理だったら普通に一階から攻略をしてここまで来なければならないと思っていたのである。

ところどころで堅そうな床に当たっては、僕が水をコップで出し、地面を湿らせて柔かくしてから土魔法で崩すといったことも必要だったが、なんとか最下層まで下りることができた。顔には出していないが、実はかなりホッとしていたりもする。

「領主様よ。本当にアレが話に聞いていた魔獣さんなのかい？」

僕の後ろから、ビアードさんが不思議そうに声をかけてきた。

確かに今目の前で拗ねた子供のように泣いている姿と、僕たちが伝えていた姿とは結び付かないのかもしれない。

それはよくわかる。

僕だって、ここまでシーヴァが子供っぽい反応をするとは思わなかった。

確かに初めて会った時から、威厳のある姿を演出しようと無理している感じはあったが。

「あの……ごめんなさい。天井は帰りに直していきますから」

「おぅ、俺たちドワーフの技術と魔法を使って元より丈夫にしといてやっから、もう泣くな」

僕とビアードさんは、地面に突っ伏したまま動かなくなったシーヴァに言った。

すると、突然シーヴァの体から煙のようなものが噴出し、体全体を覆い隠してしまった。

「お、おい。こりゃどうなってんだ」

「僕にもさっぱり」

戸惑う僕らに、上で帰り道の準備をしながら様子を見ていた他のドワーフたちから声がかかる。

「おやっさん！　領主の坊ちゃん！　一旦逃げた方がいいんじゃないですかね」

「だな。あんな駄々っ子みたいな奴でも魔獣は魔獣だ。キレて何してくるかわかったもんじゃねぇ」

「いや、でも僕は彼と約束が」

「そんなこと言ってる場合じゃねぇだろ」

そうこうしているうちにシーヴァの部屋が真っ白い煙に覆われ、視界が完全に奪われてしまう。

ビアードさんに手を引かれて逃げる僕は、段々と煙が晴れていくのを目にして立ち止まる。

「ビアードさん、ちょっと待って」

「ああん？　もう他の奴らは梯子を下ろしてるんだぞ」

「それでも待ってください。あれ見て！　あれ！」

僕は必死に声を張り上げて部屋の奥を指さした。

そこは先ほど魔獣シーヴァが、その巨体を暴れさせていた場所だ。

「一体なんだってんだ」

ビアードさんは僕の手を引く力を少し弱めつつ片方の手と足を梯子に掛け、いつでも上がれるように準備をしたまま目を細めて煙の奥に注視した。

『うわあああああん』

つい先ほどまで凶悪な姿の巨大魔獣が確かにいたはずの場所。

そこに何かがいた。

煙の中から姿を現したそれは、先ほどの魔獣シーヴァと同じようにジタバタ転がりながら鳴き声を上げている。

「もしかしてあれが魔獣シーヴァの正体……なのか？」

「ただの犬っころじゃねぇか？」

ビアードさんの言う通り、その生き物はただの犬のようにも見える。

僕らは恐る恐るその生き物に近寄っていく。

体の背中側は主に茶色、お腹側は白の毛に覆われ、尻尾を丸めたその姿はやはり犬としか思え

ない。

その時、僕は気がついた。

「シーヴァ……様？」

『もういい。我のことはもう放っておいてほしいのじゃ』

拗ねたように伏せの姿勢のまま動かなくなったシーヴァに、僕はそれでも近寄っていく。

「お、おい坊ちゃん」

「いいんです、任せてください」

そのままシーヴァの側まで近寄ると、膝を曲げ彼の傍らに座り込んだ。

『放っておいてくれって言ったじゃろ』

「そうは行きません」

僕は拗ねたように鼻を鳴らすシーヴァの頭をそっと撫でる。

「だって約束したじゃないですか」

『約束じゃと？』

シーヴァが少し顔を上げ僕の方に目を向ける。

僕はできるだけ優しい笑顔を返すように努力しながら答えた。

「ええ、僕があなたの前にたどり着けたら……」

『ああ』

「僕があなたを……あなたのダンジョンを全力で守るって。それに——」

僕はシーヴァの首元にしっかり結ばれている見慣れたスカーフを目にして彼に手を伸ばし——

「バタラに君ともう一度会わせるって約束も、これで果たせそうだしね」

◇　◇　◇

シーヴァの試練を乗り越えた僕たちは、壊したダンジョンの床を直しながら地上へ戻った。

小型犬程度にまで縮んでしまったシーヴァであったが、見かけからは想像できないほどの力を持っており、修復の間に近寄ってくる魔獣たちは彼が全て軽く追い払ってしまった。

中層の五階以降の魔獣はかなり強力で、最下層にたどり着くまでもドワーフの土魔法を使って何層もの壁を造って防御しながら床を崩して下りてきた。

シーヴァが言っていた通り、真っ向からまともにダンジョン攻略をしていたら、とてもではないがドワーフ族の力を借りたって一ヶ月以内での突破はきつかっただろう。

やがてダンジョンの外に出た僕らは、上層でいつもの狩りをしていた領民たちと合流した。

最下層から戻ってきた僕たちが、なぜか犬を連れていることに最初不思議がっていた彼らであったが、とりあえず僕がダンジョンの主より預かった使い魔だと説明しておく。

上層をうろついていた魔獣をシーヴァが一撃のもとに屠(ほふ)ったのを見て、ひとまず納得してくれたようだ。

ともあれ、その犬が件（くだん）の巨大魔獣と同一個体であると知る者は、あの時地下にいた僕とドワーフたちだけである。

「すごーい！　ワンちゃん強いねー！」

もふもふもふもふ。

今回、僕のことを心配して一緒にこの遺跡の上層までついてきていたバタラが、魔獣を屠ってドヤ顔で戻ってきたシーヴァを抱きかかえてその毛並みを一心不乱に撫でている。

『さぁ存分に撫でるがいい。褒め称えるがいい』

もふもふもふもふ。

『むふー。この娘は我のツボを心得ておるとしか思えんっ。ふほぅっ』

どうやら彼は完全に使い魔の犬に擬態するつもりらしく、その声は僕の頭の中にだけしか聞こえてこない。

シーヴァ曰く『女子にナデナデモフモフされるためには犬に擬態している方がウケがいいのじゃ』とのこと。彼の正体を知る僕やドワーフとは念波で会話することになった。

確かにバタラにシーヴァの声が聞こえていたなら、すぐにでも彼女は撫でる手を止めて放り出したかもしれない。

「まさかこんなに早くまたこの子に会えるなんて思っていませんでした」

「わふんっ」

バタラにもらったスカーフを、これ見よがしに見せつけるように、シーヴァが胸を張って吠えた。

ちなみに、シーヴァが普通の犬のフリをして僕たちのもとに現れたのは、何やら町が騒がしかったから様子を見に来たのだとか。

「私、すっかりデザートドッグの子供だと思っていたんですが、違ったんですね。まさか、この方が遺跡の使い魔さんだったなんて」

バタラはそう言い、シーヴァの両脇に手を差し込んで持ち上げ、お腹を僕の方へ向ける。

「デザートドッグだったら全身が茶色い毛のはずですもんね」

彼女はふんわりとした笑顔で言い、もふもふするのを再開した。

シーヴァの毛は、見かけは堅そうに見えるのだが、触り心地はかなりいいようだ。

「あ……わた……私も触っていいでしょうか？」

バタラがあまりに気持ちよさそうに撫でているのを見て、普段は無表情なラファムも少しそわそわしてそんなことを口にする。

あとで聞いたところによると、毛の『強度』は自由自在に変えられるらしい。

戦いの時に魔力を流して固めた際の強度は、ダンジョンの魔獣では傷つけることもできないほどだとか。

「ああ、かまわないよ。彼も……シーヴァも撫でてもらいたそうにしてるし」

どう呼ぶか迷い、結局本名を伝えることにした。

『わふん。我は可愛らしい女子になら、どれだけ撫でられてもかまわぬぅ』

「ありがとうございます、坊ちゃま。では」

もふもふもふもふ。

もふもふもふもふ。

『ぬぉぉぉ！　たまらんっ、特にお腹がたまらんっっ！』

「……まぁ、楽しいならいいか」

僕は二人と一匹をその場に残し、既に始まりかけていた宴会の会場へ移動することにした。

遺跡の地上部分には、色々な瓦礫（がれき）やオブジェがそこかしこに転がっている。この入り口付近が会場である。

かなり粗雑に放置されたそれらは、シーヴァがダンジョンを作っている際にできた失敗作。つまりゴミなのだそうだ。

作ったからにはただ捨てるのももったいないので、それらしく地上に並べてみたらしい。

今回僕たちはドワーフ族の魔法を使って直通路を作ったので見ていないのだが、凝り性の彼は長い年月をかけてこのダンジョンの中に様々な仕掛けや、階層ごとに違う風景を作ったとのこと。

それもいつか見せてもらうことになっている。

というか、最下層から上ってくる間も、見せてやるから寄り道しろとシーヴァがうるさかったのだ。

しかしいちいち全てを見て回っている時間など今はないので、また今度暇ができた時に見るということで話をつけた。

「おう、領主の坊ちゃん。遅かったじゃねぇか」

サボエールがなみなみと注がれたジョッキを片手に、既に顔を赤くしたビアードさんが僕を見つけて声をかけてきた。彼は地上にたどり着くやいなや、宴会の方にすっ飛んでいったのである。

彼らが土魔法で簡易的に製作したテーブルの上には、町人たちが狩った魔獣の肉を使った簡単な料理が並べられていて、プチ収穫祭の様相を見せていた。

いつもなら帰ってから本格的な収穫祭を行うのだが、今回はドワーフ族と僕と僕の臣下が同行しているために、この場で軽く宴会を開くことになったのだ。

遺跡の入り口付近に作られたその会場の真ん中には、ドワーフお手製の簡易コンロで次々と料理を作り出していく料理長ポーヴァルの姿が見える。

「バタラたちがシーヴァから離れたがらなくて。仕方ないから僕だけ先に戻ってきたんです」

ビアードさんが用意してくれた椅子に座りつつ、そう答える。

「そりゃしょうがねぇ。あいつぁ見た目だけなら女子供が大喜びしそうな格好をしてやがるからな。ぷはぁ！　一仕事終えたあとのサボエールはたまらん」

喋りながら一気にジョッキの中身を飲み干したビアードさんの顔には、満面の笑みだ。

ドワーフ族はみんな、お酒を飲む時は本当に幸せそうな顔をする。

「注ぎますよ」

「おっ、領主様直々にお酌(しゃく)とは、ありがたいねぇ」

僕は苦笑いを返しながらスキルボードから【サボエール】を選択し、コップを傾けジョッキへ注ぐ。

実は今回の遺跡探索で、同行してくれた町の狩人たちが一番ありがたがってくれたのは、僕のこの能力である。

いつもは樽に飲み水を入れて、重い台車を引っ張りながら遺跡まで運ぶ必要があったのだが、今回は僕のおかげで必要なくなった。

水はとても重く、それを乗せた台車を引きながら足場の悪い道を進むのはかなりの苦行なのだ。

とはいえ絶対に必要なものなので、持っていかないという選択肢はない。

「領主様、これからは毎回狩りに同行してくれませんかね？」

「今回は本当に領主様々でしたよ。水を運ばなくていいだけでもこんなに楽だなんてね」

「おかげでみんなあまり疲れていなかったから、いつもよりかなり早く狩りも終わったしな」

「何よりこんなところでも酒が飲めるなんてよ。考えたこともなかったぜ」

僕が宴のために出した果実酒とサボエールを飲みながらそう口にする彼らの顔にも、ドワーフたちにも負けないほどの笑みが浮かんでいた。

もしも今回の試練を乗り越えられていなければ。

ダンジョンの床がドワーフたちの魔法でも壊せないものであったなら、今頃こんな笑顔に囲まれることはなかったろう。

「考えておくよ」

僕はそう答え、そこかしこで乾杯を繰り返す笑顔の人々を見渡す。

それは僕がこの町にやってきた時、領主館までの道すがらで見かけた疲弊した顔ではなく、誰も彼もが生きることを謳歌(おうか)している喜びに満ちた顔だった。

僕はこれからもこの人たちの笑顔を守っていかなければならない。

そしていつか、この不毛の地と呼ばれた領地を豊饒の地に変えるのだ。

心に誓い、僕は幸せそうなみんなを見ながらコップを掲げ「乾杯」と呟いた。

その時――

『条件を満たしました。【聖杯】の力が一部開放されます』

僕の頭の中に、久しぶりにそんな女神様の声が響き渡ったのだった。

魔力が無いと言われたので独学で最強無双の大賢者になりました！

He was told that he had no magical power, so he learned by himself and became the strongest sage!

雪華慧太
Yukihana Keita

眠れる"劣等魔力（スーパーチート）"で反逆無双!!

最強賢者のダークホースファンタジー！

日本から異世界の公爵家に転生した元数学者の少年・ルオ。五歳の時、魔力が無いという診断を受けた彼は父の怒りを買い、遠い分家に預けられることとなる。肩身の狭い思いをしながらも十五歳となったルオは、独学で研究を重ね「劣等魔力」という新たな力に覚醒。その力を分家の家族に披露し、共にのし上がろうと持ち掛け、見事仲間に引き入れるのだった。その後、ルオは偽の身分を使って都にある士官学校の入学試験に挑戦し、実戦試験で同期の強豪を打ち負かす。そして、ダークホース出現の噂はルオを捨てた実父の耳にも届き、やがて因縁の対決へとつながっていく――

◉定価：本体1200円＋税　◉Illustration：ダイエクスト

◉ISBN 978-4-434-27237-0

落ちこぼれぼっちテイマーは諦めません

AUTHOR たゆ

従魔と一緒なら
ぼっちでも強くなれる!

弱虫テイマーの従魔育成ファンタジー!

冒険者の少年、ルフトは役立たずの“テイマー”。パーティに入れてもらえず、ひとりぼっちで依頼をこなしていたある日、やたら物知りな妖精のおじいさんが彼の従魔になる。それを皮切りに、花の妖精や巨大もふもふ犬(?)、色とりどりのスライムと従魔が増え、ルフトの周りはどんどん賑やかになっていく。魔物に好かれまくる状況をすんなり受け入れる彼だったが、そこにはとんでもない秘密が隠されていた——? ぼっちのテイマーが魔物を手なずけて、謎に満ちた大樹海をまったり冒険する!

落ちこぼれぼっちテイマーは諦めません
AUTHOR たゆ
でも従魔と一緒なら
ぼっちだって強くなれる!
無自覚愛され体質(魔物限定)少年の、ほのぼの大冒険!

◉定価:本体1200円+税　◉Illustration:スズキ
◉ISBN 978-4-434-27265-3

スキル集めて楽々最強ファンタジー!

幼い頃、盗賊団に両親を攫われて以来、一人で生きてきた少年、ローグ。ある日彼は、森で自称神様という不思議な男の子を助ける。半信半疑のローグだったが、お礼に授かった能力が優れ物。なんと相手のスキルを見るだけで、自分のものに(しかも、最大レベルで)出来てしまうのだ。そんな規格外の力を頼りに、ローグは行方不明の両親捜しの旅に出る。当然、平穏無事といくはずもなく……彼の力に注目した世間から、数々の依頼が舞い込んできて——!?

◆定価:本体1200円+税　◆ISBN 978-4-434-27157-1　◆Illustration:天之有

辺境貴族の転生忍者は今日もひっそり暮らします。

Henkyou kizoku no Tensei ninja

空地 大乃
Sorachi Daidai

もふもふ狼と一緒に（こそっと）人助け！

最強少年の異世界お気楽忍法帖、開幕！

「日ノ本」と呼ばれる国で、最強と名高い忍者が命を落とした。このまま冥土に落ちるかと思いきや、次に目覚めたときに彼が見た光景は、異国の言葉を話す両親らしき大人たち。最強の忍者は、ファンタジー世界に赤ちゃんとして転生してしまったのだ！　「ジン」と名付けられた彼には、この世界の全生物にあるはずの魔力がまったくないと判明。しかし彼は、前世で習得していた忍法を使えることに気付く。しかもこの忍法は、魔法より強力なものばかりだった!?　魔法を使えない代わりに、ジンはチート忍法を使って、気ままに異世界生活を楽しむ――！

辺境貴族の転生忍者は今日もひっそり暮らします。
空地大乃
もふもふ狼と一緒に（こそっと）人助け！
目立ちたくはないけど……
困った人はほっとけない！
転生したスゴウデ忍者、便利な忍法で異世界を大満喫！

◉定価：本体1200円＋税　◉ISBN 978-4-434-27235-6

◉Illustration：リッター

雪月花
Setsugekka

ガラクタ漁りから始まる痛快逆転劇！

ゴミアイテムも『使用』すれば

神スキルに大変身！？

勇者召喚に巻き込まれて異世界に転移した青年、ユウキ。彼は『アイテム使用』といういかにもショボい名前のスキルを授かったばかりに、城から追い出されてしまう。ところがこの『アイテム使用』、使ったアイテムから新しいスキルを得られるとんでもない力を秘めていた!!　防御無視ダメージの『金貨投げ』や、身体の『鉱物化』『空間転移』など、様々な便利スキルを駆使して、ユウキは自由気ままな異世界ライフを目指す!?

◆定価：本体1200円＋税　◆ISBN 978-4-434-27242-4　◆Illustration：にしん

変わり者と呼ばれた貴族は、辺境で自由に生きていきます

enbunbusok
塩分不足

領民ゼロの大荒野を……
神話の魔法でのけ者達の楽園(ユートピア)に!

超サクサク辺境開拓ファンタジー

名門貴族の三男・ウィルは、魔法が使えない落ちこぼれ。幼い頃に父に見限られ、亜人の少女たちと別荘で暮らしている。世間では亜人は差別の対象だが、獣人に救われた過去を持つ彼は、自分と対等な存在として接していた。それも周囲からは快く思われておらず、『変わり者』と呼ばれている。そんなウィルも十八歳になり、家の慣わしで領地を貰うのだが……そこは領民が一人もいない劣悪な荒野だった! しかし、親にも隠していた『変換魔法』というチート能力で大地を再生。仲間と共に、辺境に理想の街を築き始める!

◉定価:本体1200円+税 ◉ISBN 978-4-434-27159-5

◉Illustration:riritto

この作品に対する皆様のご意見・ご感想をお待ちしております。

おハガキ・お手紙は以下の宛先にお送りください。

【宛先】

〒150-6008 東京都渋谷区恵比寿4-20-3 恵比寿ｶﾞｰﾃﾞﾝﾌﾟﾚｲｽﾀﾜｰ 8F
（株）アルファポリス　書籍感想係

メールフォームでのご意見・ご感想は右のＱＲコードから、
あるいは以下のワードで検索をかけてください。

アルファポリス　書籍の感想

ご感想はこちらから

本書はWebサイト「アルファポリス」（https://www.alphapolis.co.jp/）に投稿されたものを、改題・改稿、加筆のうえ、書籍化したものです。

水しか出ない神具【コップ】を授かった僕は、不毛の領地で好きに生きる事にしました

長尾 隆生

2020年 4月30日初版発行

編集ー藤井秀樹・宮本剛・篠木歩
編集長ー太田鉄平
発行者ー梶本雄介
発行所ー株式会社アルファポリス
〒150-6008 東京都渋谷区恵比寿4-20-3 恵比寿ｶﾞｰﾃﾞﾝﾌﾟﾚｲｽﾀﾜｰ8F
TEL 03-6277-1601（営業）　03-6277-1602（編集）
URL https://www.alphapolis.co.jp/
発売元ー株式会社星雲社（共同出版社・流通責任出版社）
〒112-0005 東京都文京区水道1-3-30
TEL 03-3868-3275
装丁・本文イラストーもきゅ
装丁デザインーAFTERGLOW
印刷ー中央精版印刷株式会社

価格はカバーに表示されてあります。

落丁乱丁の場合はアルファポリスまでご連絡ください。

送料は小社負担でお取り替えします。


ISBN978-4-434-27336-0　C0093